2009

中国知识产权统计年报

China Intellectual Property Statistical Yearbook 2009

国家知识产权局

知识产权出版社

内容提要

本年报由国家知识产权局汇编，汇集了我国知识产权领域的年度统计数据，全面反映我国知识产权领域每年的发展状况。本年报涵盖专利、商标、版权、计算机软件、集成电路布图设计、农业植物新品种、林业植物新品种、海关知识产权保护、知识产权司法保护等方面的内容。本书可供广大知识产权界业内人士、各级领导干部、企事业单位管理人员、科研人员、高等院校师生等参考阅读。

责任编辑：张锦锐　牛洁颖　　　**责任校对**：韩秀天
装帧设计：Zdesign書裝設計　　　**责任出版**：卢运霞

图书在版编目（CIP）数据

中国知识产权统计年报2009/国家知识产权局.
—北京：知识产权出版社，2010.10
ISBN 978－7－5130－0239－4
Ⅰ.①中…　Ⅱ.①国…　Ⅲ.①知识产权－统计资料－中国－2009－年报　Ⅳ.①D923.4－66

中国版本图书馆CIP数据核字（2010）第209419号

Zhongguo Zhishichanquan Tongji Nianbao 2009

中国知识产权统计年报2009

国家知识产权局

出版发行：知识产权出版社
社　　址：北京市海淀区马甸南村1号　　　**邮　　编**：100088
网　　址：http://www.ipph.cn　　　**邮　　箱**：bjb@cnipr.com
发行电话：010－82000860转8101/8102　　　**传　　真**：010－82005070/82000893
责编电话：010－82000860转8109　　　**责编邮箱**：niujieying@cnipr.com
印　　刷：北京市凯鑫彩色印刷有限公司　　　**经　　销**：新华书店及相关销售网点
开　　本：889mm×1194mm　1/16　　　**印　　张**：11
版　　次：2010年10月第1版　　　**印　　次**：2010年10月第1次印刷
字　　数：200千字　　　**定　　价**：60.00元
ISBN 978－7－5130－0239－4/D·1110（3186）

编写指导小组

组　长　田力普

副组长　杨铁军　付双建　阎晓宏

成　员　（按姓氏笔画排序）

于建亚　王自强　孔祥俊　白光清　石燕泉

李建昌　欧　剑　孟　杨　龚亚麟

编辑委员会

主　编　杨铁军

副主编　龚亚麟　白光清　金泽俭

成　员　（按姓氏笔画排序）

王晓浒　王润贵　李群英　庄培基　邹　萍

郃中林　段玉萍

编辑人员

责任编辑　张锦锐　牛洁颖

特约编辑　（按姓氏笔画排序）

于大伟　王　新　孙俊立　刘　磊　张芬涛

郑向荣　黄发吉　曹　莽

目 录

I 专 利

Ⅱ 商 标

Ⅲ　版　　权

Ⅳ　集成电路布图设计

Ⅴ　农业植物新品种

Ⅵ　林业植物新品种

Ⅶ　海关知识产权保护

Ⅷ 知识产权司法保护

I

专　利

一、专利申请受理与授权状况

表 1 国内外三种专利申请受理年度状况（1985. 4 ~ 2009. 12） （单位：件）
Distribution of Annual Applications for Three Kinds of Patents Received from Home and Abroad, 1985. 4 – 2009. 12 (unit: piece)

	年份 Year	合计 Total	发明 Invention	实用新型 Utility Model	外观设计 Design
合计 Total	1985 ~ 2004	2 274 156	702 438	986 907	584 811
	2005	476 264	173 327	139 566	163 371
	2006	573 178	210 490	161 366	201 322
	2007	693 917	245 161	181 324	267 432
	2008	828 328	289 838	225 586	312 904
	2009	976 686	314 573	310 771	351 342
国内 Domestic	1985 ~ 2004	1 863 521	346 036	980 430	537 055
	2005	383 157	93 485	138 085	151 587
	2006	470 342	122 318	159 997	188 027
	2007	586 498	153 060	179 999	253 439
	2008	717 144	194 579	223 945	298 620
	2009	877 611	229 096	308 861	339 654
国外 Foreign	1985 ~ 2004	410 635	356 402	6477	47 756
	2005	93 107	79 842	1481	11 784
	2006	102 836	88 172	1369	13 295
	2007	107 419	92 101	1325	13 993
	2008	111 184	95 259	1641	14 284
	2009	99 075	85 477	1910	11 688

表 2　国内三种专利申请受理量（1985.4～2009.12）　（单位：件）
Domestic Applications for Three Kinds of Patents, 1985.4－2009.12　(unit: piece)

地区 Region	总累计 Total			2009 年		
	发明 Invention	实用新型 Utility Model	外观设计 Design	发明 Invention	实用新型 Utility Model	外观设计 Design
全国总计 Total	1 138 574	1 991 317	1 768 382	229 096	308 861	339 654
北京 Beijing	150 993	128 447	39 765	29 326	15 424	5486
天津 Tianjin	40 724	53 208	29 839	6367	8267	4990
河北 Hebei	19 513	59 538	18 612	2811	6478	2072
山西 Shanxi	11 965	21 577	6489	2422	2791	1609
内蒙古 Inner Mongolia	5501	13 115	5377	719	1266	499
辽宁 Liaoning	46 226	120 098	40 726	7125	12 633	6045
吉林 Jilin	16 409	34 092	10 371	2166	2912	856
黑龙江 Heilongjiang	22 135	52 676	11 082	3384	4357	1273
上海 Shanghai	107 996	107 758	134 761	22 012	19 650	20 579
江苏 Jiangsu	106 542	171 479	325 059	31 779	36 122	106 428
浙江 Zhejiang	67 316	175 634	257 122	15 646	40 364	52 472
安徽 Anhui	15 199	32 479	17 572	4465	7065	4856

（续表　cont'd）

地区 Region	总累计 Total			2009 年		
	发明 Invention	实用新型 Utility Model	外观设计 Design	发明 Invention	实用新型 Utility Model	外观设计 Design
福建 Fujian	16 564	43 173	53 410	3842	7844	5873
江西 Jiangxi	9742	21 558	9968	1502	2439	1283
山东 Shandong	66 451	182 406	119 543	13 983	32 091	20 783
河南 Henan	26 493	68 039	30 861	4952	9912	4725
湖北 Hubei	30 315	68 995	43 995	6065	10 579	10 562
湖南 Hunan	31 276	64 894	27 141	4416	7075	4457
广东 Guangdong	149 352	214 424	393 597	32 247	39 027	54 399
广西 Guangxi	8875	22 445	9119	1280	2091	906
重庆 Chongqing	12 839	29 691	23 988	3845	5503	4134
四川 Sichuan	30 790	64 516	66 980	6260	11 943	14 844
贵州 Guizhou	7888	13 539	5645	1336	1659	714
云南 Yunnan	10 351	16 474	10 777	1637	1825	1171
西藏 Tibet	245	254	586	71	72	52
陕西 Shaanxi	23 526	39 006	17 636	5858	5798	3914

（续表　cont'd）

地区 Region	总累计 Total			2009 年		
	发明 Invention	实用新型 Utility Model	外观设计 Design	发明 Invention	实用新型 Utility Model	外观设计 Design
甘肃 Gansu	6829	10 812	2521	1120	1075	481
青海 Qinghai	1192	1892	1059	175	147	177
宁夏 Ningxia	1610	3812	3151	182	284	811
新疆 Xinjiang	4627	15 853	4603	662	1865	345
海南 Hainan	2556	2826	2879	456	359	225
香港 Hong Kong，China	4865	5829	17 834	634	645	1132
澳门 Macao，China	85	146	74	18	15	5
台湾 Taiwan of China	81 584	130 632	26 240	10 333	9284	1496
广州 Guangzhou	23 667	38 070	54 718	5035	5626	5853
长春 Changchun	8461	10 794	5438	1499	1573	478
武汉 Wuhan	19 020	32 996	21 334	3927	5767	4906
南京 Nanjing	24 802	19 164	14 753	6461	4318	3442
杭州 Hangzhou	28 620	33 025	30 842	6707	9799	9568
西安 Xi'an	17 280	24 061	13 772	5014	4489	3269

（续表　cont'd）

地区 Region	总累计 Total			2009 年		
	发明 Invention	实用新型 Utility Model	外观设计 Design	发明 Invention	实用新型 Utility Model	外观设计 Design
济南 Jinan	13 064	29 976	18 136	2999	6757	3945
沈阳 Shenyang	18 067	42 234	9710	2920	2889	1899
成都 Chengdu	17 362	28 298	47 382	4611	8986	12 533
大连 Dalian	12 289	28 314	18 534	2388	5458	3494
厦门 Xiamen	4435	10 327	10 222	1241	2241	1432
哈尔滨 Harbin	13 828	22 692	6466	2653	2080	792
深圳 Shenzhen	93 605	56 865	62 162	20 520	12 709	9050
青岛 Qingdao	10 664	23 167	24 240	2186	3846	2722
宁波 Ningbo	8727	27 503	42 177	2808	9443	10 435
新疆兵团 Xinjiang Bingtuan	153	412	69	79	215	20

表 3　国外三种专利申请受理量（1985. 4 ~ 2009. 12）　（单位：件）
Foreign Applications for Three Kinds of Patents, 1985. 4 – 2009. 12
(unit: piece)

国家（地区） Country / Region	总累计 Total			2009 年		
	发明 Invention	实用新型 Utility Model	外观设计 Design	发明 Invention	实用新型 Utility Model	外观设计 Design
合计 Total	797 253	14 203	112 800	85 477	1910	11 688
安道尔 Andorra	9	0	1	3	0	1
阿拉伯联合酋长国 United Arab Emirates	22	3	110	3	1	8
阿富汗 Afghanistan	0	0	2	0	0	2
安提瓜和巴布达 Antigua and Barbuda	5	0	2	0	0	1
安圭拉 Anguilla	1	0	1	0	0	1
亚美尼亚 Armenia	3	0	0	0	0	0
荷属安的列斯群岛 Netherlands Antilles	269	0	9	16	0	0
阿根廷 Argentina	70	7	10	4	1	0
奥地利 Austria	3214	50	392	357	11	45
澳大利亚 Australia	6056	178	1424	525	29	166
阿鲁巴 Aruba	1	0	0	0	0	0
阿塞拜疆 Azerbaijan	1	0	0	0	0	0
巴巴多斯 Barbados	309	0	22	73	0	6

（续表 cont'd）

国家（地区） Country / Region	总累计 Total			2009 年		
	发明 Invention	实用新型 Utility Model	外观设计 Design	发明 Invention	实用新型 Utility Model	外观设计 Design
孟加拉国 Bangladesh	0	0	2	0	0	0
比利时 Belgium	3754	18	319	486	4	26
保加利亚 Bulgaria	58	2	15	1	0	0
巴林 Bahrain	3	0	0	0	0	0
布隆迪 Burundi	1	0	0	0	0	0
百慕大群岛 Bermuda	433	27	23	110	4	2
文莱 Brunei	17	18	14	4	2	9
玻利维亚 Bolivia	1	0	0	0	0	0
巴西 Brazil	654	23	178	73	4	44
巴哈马 Bahamas	123	16	39	16	1	9
白俄罗斯 Belarus	19	3	6	3	3	0
伯利兹 Belize	17	19	1	5	12	1
加拿大 Canada	7042	196	657	807	23	159
中非 Central African	0	0	2	0	0	0
瑞士 Switzerland	21 041	198	3770	2362	70	391

（续表 cont'd）

国家（地区） Country / Region	总累计 Total			2009 年		
	发明 Invention	实用新型 Utility Model	外观设计 Design	发明 Invention	实用新型 Utility Model	外观设计 Design
库克群岛 Cook Islands	3	0	5	1	0	2
智利 Chile	57	3	4	5	0	0
喀麦隆 Cameroon	2	0	0	0	0	0
哥伦比亚 Colombia	23	1	10	8	0	0
哥斯达黎加 Costa Rica	3	0	0	0	0	0
捷克斯洛伐克 Czechoslovakia	63	6	3	0	0	0
塞尔维亚和黑山 Serbia and Montenegro	2	0	0	0	0	0
古巴 Cuba	121	0	3	7	0	0
塞浦路斯 Cyprus	142	4	4	15	1	1
捷克 Czech	144	28	313	25	1	41
德国 Germany	72 075	763	8743	8264	179	1251
丹麦 Denmark	4590	82	972	584	10	145
多米尼克 Dominica	3	0	0	0	0	0
多米尼加 Dominican	2	0	0	0	0	0
阿尔及利亚 Algeria	2	1	0	0	1	0

（续表　cont'd）

国家（地区） Country / Region	总累计 Total			2009 年		
	发明 Invention	实用新型 Utility Model	外观设计 Design	发明 Invention	实用新型 Utility Model	外观设计 Design
厄瓜多尔 Ecuador	5	2	0	1	0	0
爱沙尼亚 Estonia	13	2	4	3	2	1
埃及 Egypt	19	4	3	0	1	0
西撒哈拉 Western Sahara	0	1	0	0	0	0
西班牙 Spain	2090	118	1062	256	20	140
芬兰 Finland	8431	35	1122	902	8	139
斐济 Fiji	1	8	1	0	0	0
马尔维纳斯群岛 Malvinas	0	0	1	0	0	0
法国 France	29 189	390	4874	3011	65	548
英国 U. K.	17 229	300	2931	1624	23	264
格林纳达 Grenada	1	0	0	1	0	0
格鲁吉亚 Georgia	5	0	3	0	0	3
直布罗陀 Gibraltar	14	0	0	2	0	0
希腊 Greece	158	1	12	16	0	0
危地马拉 Guatemala	1	0	0	1	0	0

（续表 cont'd）

国家（地区） Country / Region	总累计 Total			2009 年		
	发明 Invention	实用新型 Utility Model	外观设计 Design	发明 Invention	实用新型 Utility Model	外观设计 Design
洪都拉斯 Honduras	0	0	1	0	0	1
克罗地亚 Croatia	111	2	5	5	0	1
海地 Haiti	0	0	1	0	0	0
匈牙利 Hungary	713	2	16	39	0	1
印度尼西亚 Indonesia	40	16	93	3	1	19
爱尔兰 Ireland	850	27	132	163	3	5
以色列 Israel	2800	18	235	330	2	34
印度 India	1210	12	256	122	1	23
伊拉克 Iraq	1	0	0	0	0	0
伊朗 Iran	8	1	1	1	1	0
冰岛 Iceland	122	0	0	28	0	0
意大利 Italy	10 621	244	3712	998	34	391
泽西岛 Island	7	0	0	0	0	0
约旦 Jordan	8	5	2	1	0	0
日本 Japan	286 036	4523	43 963	30 293	328	3760

（续表　cont'd）

国家（地区） Country / Region	总累计 Total			2009 年		
	发明 Invention	实用新型 Utility Model	外观设计 Design	发明 Invention	实用新型 Utility Model	外观设计 Design
吉尔吉斯斯坦 Kyrgyzstan	3	0	0	0	0	0
圣基茨和尼维斯 Saint Kitts and Nevis	3	0	0	0	0	0
朝鲜 D. P. R. K.	18	0	0	1	0	0
韩国 Korea	64 816	1637	8552	5907	134	1072
科威特 Kuwait	8	0	2	0	0	1
开曼群岛 Cayman Islands	730	82	203	252	21	58
哈萨克斯坦 Kazakhstan	16	2	0	3	0	0
黎巴嫩 Lebanon	4	4	0	0	0	0
列支敦士登 Liechtenstein	759	3	390	68	1	42
斯里兰卡 Sri Lanka	11	2	34	0	0	0
利比里亚 Liberia	2	0	1	0	0	0
莱索托 Lesotho	0	1	0	0	0	0
立陶宛 Lithuania	1	0	2	0	0	0
卢森堡 Luxembourg	645	51	83	67	17	17
拉脱维亚 Latvia	23	2	2	7	0	0

（续表 cont'd）

国家（地区） Country / Region	总累计 Total			2009 年		
	发明 Invention	实用新型 Utility Model	外观设计 Design	发明 Invention	实用新型 Utility Model	外观设计 Design
摩洛哥 Morocco	6	2	5	0	0	0
摩纳哥 Monaco	87	1	17	4	0	0
摩尔多瓦 Moldova	0	0	1	0	0	0
马达加斯加 Madagascar	2	0	0	0	0	0
马绍尔群岛 Marshall Islands	2	0	0	0	0	0
马里 Mali	7	0	0	0	0	0
蒙古 Mongolia	0	1	0	0	0	0
马耳他 Malta	40	0	5	21	0	0
毛里求斯 Mauritius	47	26	29	11	4	0
马尔代夫 Maldives	2	0	0	0	0	0
马拉维 Malawi	2	0	0	0	0	0
墨西哥 Mexico	165	7	60	16	0	7
马来西亚 Malaysia	342	80	343	38	16	60
纳米比亚 Namibia	2	0	0	0	0	0
尼日尔 Niger	1	0	0	0	0	0

（续表 cont'd）

国家（地区） Country / Region	总累计 Total			2009 年		
	发明 Invention	实用新型 Utility Model	外观设计 Design	发明 Invention	实用新型 Utility Model	外观设计 Design
尼日利亚 Nigeria	1	0	5	0	0	1
荷兰 Netherlands	29 753	116	2573	3089	32	251
挪威 Norway	1820	7	175	192	3	16
新西兰 New Zealand	758	18	148	72	2	18
阿曼 Oman	3	0	0	0	0	0
巴拿马 Panama	255	4	16	10	0	1
秘鲁 Peru	3	0	0	0	0	0
菲律宾 Philippines	27	18	23	1	0	7
巴基斯坦 Pakistan	4	0	6	0	0	1
波兰 Poland	159	6	52	14	0	10
波多黎各 Puerto Rico	4	0	2	0	0	0
葡萄牙 Portugal	108	3	42	19	0	2
巴拉圭 Paraguay	0	0	1	0	0	0
罗马尼亚 Romania	19	0	1	1	0	0
塞尔维亚 Serbia	0	0	0	0	0	0

（续表 cont'd）

国家（地区）Country / Region	总累计 Total			2009 年		
	发明 Invention	实用新型 Utility Model	外观设计 Design	发明 Invention	实用新型 Utility Model	外观设计 Design
俄罗斯 Russia	1314	56	66	91	15	16
沙特阿拉伯 Saudi Arabia	131	3	301	34	0	0
塞舌尔 Seychelles	24	3	4	10	2	0
苏丹 Sudan	1	0	0	0	0	0
瑞典 Sweden	13 691	97	1421	1653	33	158
新加坡 Singapore	1699	149	674	214	21	69
斯洛文尼亚 Slovenia	140	0	25	14	0	8
斯洛伐克 Slovakia	26	1	23	6	1	0
圣马力诺 San Marino	10	3	2	1	0	0
塞内加尔 Senegal	1	0	1	0	0	0
萨尔瓦多 Salvador	1	0	0	0	0	0
叙利亚 Syria	1	0	2	0	0	2
斯威士兰 Swaziland	1	0	0	0	0	0
泰国 Thailand	141	77	262	10	2	24
突尼斯 Tunisia	6	0	2	3	0	0
土耳其 Turkey	184	24	217	32	4	34
特立尼达和多巴哥 Trinidad and Tobago	2	0	1	1	0	0

（续表 cont'd）

国家（地区） Country / Region	总累计 Total			2009 年		
	发明 Invention	实用新型 Utility Model	外观设计 Design	发明 Invention	实用新型 Utility Model	外观设计 Design
乌克兰 Ukraine	64	5	2	2	1	0
乌干达 Uganda	0	0	2	0	0	0
美国 U. S. A.	197 228	3996	20 717	21 799	720	2110
乌拉圭 Uruguay	13	1	0	0	0	0
乌兹别克斯坦 Uzbekistan	5	0	0	0	0	0
梵蒂冈 Vatican	2	0	0	0	0	0
圣文森特和格林纳丁斯 Saint Vincent and the Grenadines	2	0	0	0	0	0
委内瑞拉 Venezuela	38	0	5	1	0	1
维尔京群岛 British Virgin Islands	919	300	728	157	31	53
越南 Viet Nam	6	0	7	1	0	0
瓦努阿图 Vanuatu	11	0	1	0	0	0
萨摩亚 Western Samoa	45	42	25	5	2	1
也门 Yemen	0	0	3	0	0	3
南斯拉夫 Yugoslavia	31	0	8	0	0	0
南非 South Africa	811	16	41	93	2	4
赞比亚 Zambia	2	0	0	0	0	0
津巴布韦 Zimbabwe	7	0	1	0	0	0

表 4　国内外三种专利申请授权年度状况统计表(1985. 12～2009. 12)（单位：件）

Distribution of Annual Grants for Three Kinds of Patents Received from Home and Abroad, 1985. 12－2009. 12 (unit: piece)

	年份 Year	合计 Total	发明 Invention	实用新型 Utility Model	外观设计 Design
合计 Total	1985～2004	1 254 773	185 409	651 117	418 247
	2005	214 003	53 305	79 349	81 349
	2006	268 002	57 786	107 655	102 561
	2007	351 782	67 948	150 036	133 798
	2008	411 982	93 706	176 675	141 601
	2009	581 992	128 489	203 802	249 701
国内 Domestic	1985～2004	1 092 549	66 659	647 087	378 803
	2005	171 619	20 705	78 137	72 777
	2006	223 860	25 077	106 312	92 471
	2007	301 632	31 945	148 391	121 296
	2008	352 406	46 590	175 169	130 647
	2009	501 786	65 391	202 113	234 282
国外 Foreign	1985～2004	162 224	118 750	4030	39 444
	2005	42 384	32 600	1212	8572
	2006	44 142	32 709	1343	10 090
	2007	50 150	36 003	1645	12 502
	2008	59 576	47 116	1506	10 954
	2009	80 206	63 098	1689	15 419

表 5　国内三种专利申请授权量统计表(1985.12～2009.12)　(单位：件)

Domestic Grants for Three Kinds of Patents，1985.12－2009.12

(unit：piece)

地区 Region	总累计 Total			2009 年		
	发明 Invention	实用新型 Utility Model	外观设计 Design	发明 Invention	实用新型 Utility Model	外观设计 Design
全国总计 Total	256 367	1 357 209	1 030 276	65 391	202 113	234 282
北京 Beijing	40 304	88 075	26 655	9157	10 141	3623
天津 Tianjin	8177	30 428	10 411	1889	3988	1527
河北 Hebei	4334	41 588	13 216	691	4515	1633
山西 Shanxi	3423	14 801	3587	603	1967	657
内蒙古 Inner Mongolia	1138	8783	3837	178	762	554
辽宁 Liaoning	10 981	78 579	13 877	1993	8585	1620
吉林 Jilin	4256	22 291	5416	719	1931	625
黑龙江 Heilongjiang	5129	35 593	6351	1142	3212	725
上海 Shanghai	22 844	74 925	79 068	5997	13 158	15 758
江苏 Jiangsu	17 525	112 914	138 563	5322	21 939	60 025
浙江 Zhejiang	15 348	118 618	176 725	4818	25 295	49 832
安徽 Anhui	2923	21 103	10 945	795	4226	3573
福建 Fujian	3043	28 905	38 876	824	4939	5519
江西 Jiangxi	1734	13 853	6378	386	1515	1014
山东 Shandong	11 625	124 843	47 094	2865	22 635	9013

（续表 cont'd）

地区 Region	总累计 Total			2009 年		
	发明 Invention	实用新型 Utility Model	外观设计 Design	发明 Invention	实用新型 Utility Model	外观设计 Design
河南 Henan	4756	44 249	16 185	1129	6630	3666
湖北 Hubei	7567	40 405	12 307	1478	6285	3594
湖南 Hunan	6783	40 911	14 494	1752	4218	2339
广东 Guangdong	31 487	151 145	272 436	11 355	27 438	44 828
广西 Guangxi	1685	14 436	6567	326	1506	870
重庆 Chongqing	2702	19 626	18 085	834	3274	3393
四川 Sichuan	7317	42 557	42 272	1596	6561	11 975
贵州 Guizhou	1725	9066	3709	322	1234	528
云南 Yunnan	3003	12 031	7819	476	1338	1109
西藏 Tibet	53	170	488	7	40	245
陕西 Shaanxi	5829	26 285	6178	1342	3446	1299
甘肃 Gansu	1541	7283	1613	227	809	238
青海 Qinghai	268	1233	720	35	89	244
宁夏 Ningxia	437	2764	1625	52	267	591
新疆 Xinjiang	975	10 400	3087	120	1260	486
海南 Hainan	390	1678	2258	84	330	216
香港 Hong Kong，China	1508	4871	16 040	328	570	1352

（续表 cont'd）

地区 Region	总累计 Total			2009 年		
	发明 Invention	实用新型 Utility Model	外观设计 Design	发明 Invention	实用新型 Utility Model	外观设计 Design
澳门 Macao，China	12	92	67	5	5	5
台湾 Taiwan of China	25 545	112 708	23 327	6544	8005	1606
广州 Guangzhou	6213	26 421	38 286	1515	3979	5588
长春 Changchun	2372	7094	2102	553	1098	280
武汉 Wuhan	5906	20 762	6322	1262	3749	1842
南京 Nanjing	6653	13 154	6386	2087	2856	1697
杭州 Hangzhou	7829	22 018	19 393	2533	5780	7152
西安 Xi'an	4202	15 685	4058	1122	2581	1003
济南 Jinan	2448	19 211	4123	832	4622	935
沈阳 Shenyang	4208	26 533	5609	801	2083	752
成都 Chengdu	4125	17 387	29 366	1201	4650	10 498
大连 Dalian	3114	16 582	2760	632	3402	413
厦门 Xiamen	995	7561	7858	328	1538	1120
哈尔滨 Harbin	3294	14 830	3236	923	1453	416
深圳 Shenzhen	19 240	40 395	44 477	8133	9001	8760
青岛 Qingdao	2268	16 407	11 276	552	2511	1369
宁波 Ningbo	2118	18 380	29 702	802	5945	9077
新疆兵团 Xinjiang Bingtuan	18	291	55	8	169	34

表 6　国外三种专利申请授权量统计表（1985. 12 ~ 2009. 12）　（单位：件）
Foreign Grants for Three Kinds of Patents, 1985. 12 – 2009. 12　(unit: piece)

国家（地区） Country / Region	总累计 Total			2009 年		
	发明 Invention	实用新型 Utility Model	外观设计 Design	发明 Invention	实用新型 Utility Model	外观设计 Design
合计 Total	330 276	11 425	96 981	63 098	1689	15 419
安道尔 Andorra	3	0	0	1	0	0
阿拉伯联合酋长国 United Arab Emirates	8	2	105	3	1	5
阿富汗 Afghanistan	0	0	0	0	0	0
安提瓜和巴布达 Antigua and Barbuda	1	0	1	1	0	1
亚美尼亚 Armenia	1	0	0	0	0	0
荷属安的列斯群岛 Netherlands Antilles	155	0	7	19	0	0
阿根廷 Argentina	9	6	8	2	1	6
奥地利 Austria	1490	39	342	215	13	66
澳大利亚 Australia	2291	134	1177	322	25	230
巴巴多斯 Barbados	48	0	6	19	0	1
孟加拉国 Bangladesh	0	0	2	0	0	0
比利时 Belgium	1390	13	279	229	2	27
保加利亚 Bulgaria	17	2	13	2	0	2
巴林 Bahrain	1	0	0	0	0	0
百慕大群岛 Bermuda	76	16	16	15	2	0
文莱 Brunei	4	14	10	4	0	8

（续表 cont'd）

国家（地区） Country / Region	总累计 Total			2009 年		
	发明 Invention	实用新型 Utility Model	外观设计 Design	发明 Invention	实用新型 Utility Model	外观设计 Design
巴西 Brazil	240	19	125	37	8	35
巴哈马 Bahamas	46	16	26	11	0	0
白俄罗斯 Belarus	8	0	6	1	0	0
伯利兹 Belize	2	13	1	1	12	1
加拿大 Canada	2424	166	453	461	21	117
中非 Central African	0	0	2	0	0	0
瑞士 Switzerland	8894	125	3270	1245	19	465
库克群岛 Cook Islands	2	0	5	1	0	0
智利 Chile	11	4	3	4	2	0
哥伦比亚 Colombia	10	1	9	3	0	5
哥斯达黎加 Costa Rica	1	0	0	0	0	0
捷克斯洛伐克 Czechoslovakia	23	6	3	0	0	0
古巴 Cuba	49	0	2	7	0	0
塞浦路斯 Cyprus	48	4	2	16	0	0
捷克 Czech	58	32	274	9	2	70
德国 Germany	29 102	601	7141	5054	146	1458
丹麦 Denmark	1757	78	806	280	11	132
多米尼克 Dominica	2	0	0	0	0	0

（续表 cont'd）

国家（地区） Country / Region	总累计 Total			2009 年		
	发明 Invention	实用新型 Utility Model	外观设计 Design	发明 Invention	实用新型 Utility Model	外观设计 Design
阿尔及利亚 Algeria	0	0	0	0	0	0
厄瓜多尔 Ecuador	0	1	0	0	0	0
爱沙尼亚 Estonia	3	0	3	1	0	1
埃及 Egypt	1	4	3	0	1	0
西班牙 Spain	611	94	847	108	19	105
芬兰 Finland	3681	29	912	674	9	169
斐济 Fiji	0	8	1	0	0	0
马尔维纳斯群岛 Malvinas	0	0	1	0	0	0
法国 France	12 673	156	4144	2200	33	771
加蓬 Gabon	2	0	0	0	0	0
英国 U. K.	6379	258	2568	825	29	412
格鲁吉亚 Georgia	1	0	0	0	0	0
直布罗陀 Gibraltar	10	0	0	1	0	0
希腊 Greece	46	1	11	11	0	2
洪都拉斯 Honduras	0	0	0	0	0	0
克罗地亚 Croatia	46	3	4	3	0	0
海地 Haiti	0	0	1	0	0	0
匈牙利 Hungary	256	5	14	13	1	0

（续表 cont'd）

国家（地区） Country / Region	总累计 Total			2009 年		
	发明 Invention	实用新型 Utility Model	外观设计 Design	发明 Invention	实用新型 Utility Model	外观设计 Design
印度尼西亚 Indonesia	13	11	73	0	0	5
爱尔兰 Ireland	202	19	114	38	1	17
以色列 Israel	794	14	189	161	2	25
印度 India	363	10	223	81	2	19
伊朗 Iran	1	0	1	0	0	1
冰岛 Iceland	33	0	0	6	0	0
意大利 Italy	4346	199	3031	757	26	508
泽西岛 Island	4	0	0	0	0	0
约旦 Jordan	1	4	2	0	3	0
日本 Japan	137 817	3830	39 840	27 897	374	5533
吉尔吉斯斯坦 Kyrgyzstan	1	0	0	0	0	0
朝鲜 D. P. R. K.	4	1	0	1	0	0
韩国 Korea	26 771	1343	7405	6476	93	1381
科威特 Kuwait	6	0	1	1	0	0
开曼群岛 Cayman Islands	81	64	153	30	9	42
哈萨克斯坦 Kazakhstan	6	2	0	0	0	0
黎巴嫩 Lebanon	2	4	0	0	0	0
列支敦士登 Liechtenstein	342	4	356	41	1	138

（续表　cont'd）

国家（地区） Country / Region	总累计 Total			2009 年		
	发明 Invention	实用新型 Utility Model	外观设计 Design	发明 Invention	实用新型 Utility Model	外观设计 Design
斯里兰卡 Sri Lanka	3	2	23	0	0	0
利比里亚 Liberia	2	0	1	0	0	0
莱索托 Lesotho	0	1	0	0	0	0
立陶宛 Lithuania	0	0	2	0	0	0
卢森堡 Luxembourg	287	37	73	29	17	23
拉脱维亚 Latvia	4	3	2	1	0	0
摩洛哥 Morocco	1	2	5	0	0	0
摩纳哥 Monaco	41	7	17	6	0	9
马达加斯加 Madagascar	2	0	0	0	0	0
马里 Mali	1	0	0	0	0	0
蒙古 Mongolia	2	2	1	0	1	0
马耳他 Malta	6	0	3	1	0	0
毛里求斯 Mauritius	14	20	24	6	4	1
马尔代夫 Maldives	1	0	0	0	0	0
墨西哥 Mexico	45	4	47	10	0	35
马来西亚 Malaysia	88	61	260	23	13	66
纳米比亚 Namibia	0	0	0	0	0	0
尼日利亚 Nigeria	0	0	4	0	0	0

（续表 cont'd）

国家（地区） Country / Region	总累计 Total			2009 年		
	发明 Invention	实用新型 Utility Model	外观设计 Design	发明 Invention	实用新型 Utility Model	外观设计 Design
荷兰 Netherlands	11 141	76	2209	2128	20	375
挪威 Norway	799	3	145	139	0	24
新西兰 New Zealand	252	12	116	62	3	27
巴拿马 Panama	155	4	12	17	0	0
秘鲁 Peru	1	0	0	0	0	0
菲律宾 Philippines	5	17	14	1	1	7
巴基斯坦 Pakistan	0	0	6	0	0	1
波兰 Poland	72	8	30	9	0	13
波多黎各 Puerto Rico	0	0	2	0	0	2
葡萄牙 Portugal	27	2	26	8	1	5
巴拉圭 Paraguay	0	0	1	0	0	1
罗马尼亚 Romania	7	0	1	0	0	0
俄罗斯联邦 Russian Federation	416	67	43	49	23	12
沙特阿拉伯 Saudi Arabia	36	3	289	7	0	44
塞舌尔 Seychelles	4	1	4	2	1	3

（续表 cont'd）

国家（地区） Country / Region	总累计 Total			2009 年		
	发明 Invention	实用新型 Utility Model	外观设计 Design	发明 Invention	实用新型 Utility Model	外观设计 Design
瑞典 Sweden	5925	71	1166	895	22	272
新加坡 Singapore	411	115	561	134	27	73
斯洛文尼亚 Slovenia	48	0	17	5	0	7
斯洛伐克 Slovakia	11	0	22	3	0	10
圣马力诺 San Marino	3	3	2	1	3	0
塞内加尔 Senegal	0	0	1	0	0	1
萨尔瓦多 Salvador	1	0	0	0	0	0
叙利亚 Syria	1	0	0	0	0	0
斯威士兰 Swaziland	1	0	0	0	0	0
泰国 Thailand	33	60	223	3	3	15
突尼斯 Tunisia	0	0	2	0	0	0
土耳其 Turkey	57	18	169	28	11	65
特立尼达和多巴哥 Trinidad and Tobago	0	0	1	0	0	0
乌克兰 Ukraine	28	4	0	2	2	0
乌干达 Uganda	0	0	2	0	0	0

（续表 cont'd）

国家（地区） Country / Region	总累计 Total			2009 年		
	发明 Invention	实用新型 Utility Model	外观设计 Design	发明 Invention	实用新型 Utility Model	外观设计 Design
美国 U. S. A.	67 083	3189	16 849	12 158	612	2503
乌拉圭 Uruguay	6	1	0	0	0	0
乌兹别克斯坦 Uzbekistan	3	0	0	0	0	0
圣文森特和格林纳丁斯 Saint Vincent and the Grenadines	1	0	0	0	0	0
委内瑞拉 Venezuela	28	0	4	1	0	0
维尔京群岛 British Virgin Islands	249	223	538	35	40	55
越南 Viet Nam	0	0	6	0	0	0
瓦努阿图 Vanuatu	4	0	0	0	0	0
萨摩亚 Western Samoa	0	41	25	0	13	5
也门 Yemen	0	0	0	0	0	0
南斯拉夫 Yugoslavia	15	0	7	0	0	0
南非 South Africa	286	13	34	47	5	7
津巴布韦 Zimbabwe	3	0	1	1	0	0

表7 国内外三种专利有效状况（2009.12） （单位：件）

Distribution of Patents in Force for Three Kinds Received from Home and Abroad, 2009.12 （unit: piece）

	年份 Year	合计 Total	发明 Invention	实用新型 Utility Model	外观设计 Design
合计 Total	2006	727 225	218 922	292 323	215 980
	2007	850 043	271 917	299 242	278 884
	2008	1 195 196	337 215	469 729	388 252
	2009	1 520 023	438 036	565 804	516 183
国内 Domestic	2006	548 758	72 941	288 032	187 785
	2007	622 409	95 678	294 463	232 268
	2008	923 797	127 596	463 342	332 859
	2009	1 193 110	180 042	558 791	454 277
国外 Foreign	2006	178 467	145 981	4291	28 195
	2007	227 634	176 239	4779	46 616
	2008	271 399	209 619	6387	55 393
	2009	326 913	257 994	7013	61 906

* 有效量：报告期末处于专利权维持状态的案卷数量。统计范围为发明、实用新型、外观设计。与申请量和授权量不同，有效量是存量数据而非流量数据。

表 8　国内三种专利有效量（2009. 12）　　（单位：件）
Domestic Patents in Force by Three Kinds，2009. 12　（unit：piece）

地区 Region	2009 年 Year 2009			
	发明 Invention	实用新型 Utility Model	外观设计 Design	合计 Total
全国总计 Total	180 042	558 791	454 277	1 193 110
北京 Beijing	28 774	32 616	9686	71 076
天津 Tianjin	4919	11 542	4054	20 515
河北 Hebei	2229	12 406	3971	18 606
山西 Shanxi	1760	4835	1326	7921
内蒙古 Inner Mongolia	600	2353	1235	4188
辽宁 Liaoning	5952	21 460	3695	31 107
吉林 Jilin	2233	5740	1646	9619
黑龙江 Heilongjiang	2986	10 640	1893	15 519
上海 Shanghai	17 352	39 102	26 781	83 235
江苏 Jiangsu	12 625	55 349	86 913	154 887
浙江 Zhejiang	11 611	62 646	96 217	170 474
安徽 Anhui	1842	8820	5946	16 608
福建 Fujian	2100	13 714	12 550	28 364
江西 Jiangxi	938	4138	1974	7050
山东 Shandong	7010	46 110	18 651	71 771

（续表 cont'd）

地区 Region	2009 年 Year 2009			
	发明 Invention	实用新型 Utility Model	外观设计 Design	合计 Total
河南 Henan	2771	16 110	8036	26 917
湖北 Hubei	4391	15 370	5984	25 745
湖南 Hunan	4308	11 141	5191	20 640
广东 Guangdong	27 483	86 576	107 072	221 131
广西 Guangxi	922	4303	2196	7421
重庆 Chongqing	1943	9705	8364	20 012
四川 Sichuan	4501	15 111	19 803	39 415
贵州 Guizhou	1172	3921	1148	6241
云南 Yunnan	1743	3717	2591	8051
西藏 Tibet	42	64	324	430
陕西 Shaanxi	3686	8703	2439	14 828
甘肃 Gansu	805	2236	616	3657
青海 Qinghai	121	264	271	656
宁夏 Ningxia	200	813	956	1969
新疆 Xinjiang	483	3466	1073	5022
海南 Hainan	254	680	522	1456
香港 Hong Kong，China	1149	2532	4480	8161

（续表 cont'd）

地区 Region	2009 年 Year 2009			
	发明 Invention	实用新型 Utility Model	外观设计 Design	合计 Total
澳门 Macao, China	7	29	15	51
台湾 Taiwan of China	21 130	42 579	6658	70 367
广州 Guangzhou	4450	12 992	13 590	31 032
长春 Changchun	1563	3287	859	5709
武汉 Wuhan	3704	9190	3235	16 129
南京 Nanjing	4926	7671	3301	15 898
杭州 Hangzhou	6246	14 286	12 568	33 100
西安 Xi'an	3058	6424	1852	11 334
济南 Jinan	1810	9172	1757	12 739
沈阳 Shenyang	2276	6238	1488	10 002
成都 Chengdu	3241	9613	15 995	28 849
大连 Dalian	2009	6919	917	9845
厦门 Xiamen	860	4758	3086	8704
哈尔滨 Harbin	2170	4673	1176	8019
深圳 Shenzhen	18 951	29 094	21 998	70 043
青岛 Qingdao	1508	7119	3827	12 454
宁波 Ningbo	1889	13 989	20 762	36 640
新疆兵团 Xinjiang Bingtuan	47	428	105	580

表 9　国外三种专利有效量（2009. 12）　（单位：件）
Foreign Patents in Force by Three Kinds，2009. 12　（unit：piece）

国家/地区 Country / Region	2009 年 Year 2009			
	发明 Invention	实用新型 Utility Model	外观设计 Design	合计 Total
合计 Total	257 994	7013	61 906	326 913
安道尔 Andorra	4	0	0	4
阿联酋 United Arab Emirates	0	0	37	37
安提瓜和巴布达 Antigua and Barbuda	2	0	1	3
亚美尼亚 Armenia	1	0	0	1
荷属安的列斯 Netherlands Antilles	98	0	3	101
阿根廷 Argentina	6	3	8	17
奥地利 Austria	1134	33	207	1374
澳大利亚 Australia	1558	74	728	2360
波斯尼亚和黑塞哥维那 Bosnia and Herzegovina	2	0	0	2
巴巴多斯 Barbados	70	0	7	77
比利时 Belgium	1018	8	193	1219
保加利亚 Bulgaria	4	1	4	9

（续表 cont'd）

<table>
<tr><th rowspan="2">国家/地区
Country / Region</th><th colspan="4">2009 年
Year 2009</th></tr>
<tr><th>发明
Invention</th><th>实用新型
Utility Model</th><th>外观设计
Design</th><th>合计
Total</th></tr>
<tr><td>百慕大群岛
Bermuda</td><td>58</td><td>10</td><td>9</td><td>77</td></tr>
<tr><td>文莱
Brunei</td><td>12</td><td>10</td><td>8</td><td>30</td></tr>
<tr><td>巴西
Brazil</td><td>189</td><td>15</td><td>86</td><td>290</td></tr>
<tr><td>巴哈马
Bahamas</td><td>36</td><td>9</td><td>20</td><td>65</td></tr>
<tr><td>白俄罗斯
Belarus</td><td>4</td><td>0</td><td>2</td><td>6</td></tr>
<tr><td>伯利兹
Belize</td><td>3</td><td>11</td><td>2</td><td>16</td></tr>
<tr><td>加拿大
Canada</td><td>1794</td><td>85</td><td>257</td><td>2136</td></tr>
<tr><td>瑞士
Switzerland</td><td>6747</td><td>86</td><td>1890</td><td>8723</td></tr>
<tr><td>库克群岛
Cook Islands</td><td>2</td><td>0</td><td>3</td><td>5</td></tr>
<tr><td>智利
Chile</td><td>8</td><td>3</td><td>3</td><td>14</td></tr>
<tr><td>哥伦比亚
Colombia</td><td>9</td><td>1</td><td>7</td><td>17</td></tr>
<tr><td>哥斯达黎加
Costa Rica</td><td>1</td><td>0</td><td>0</td><td>1</td></tr>
<tr><td>古巴
Cuba</td><td>43</td><td>0</td><td>0</td><td>43</td></tr>
<tr><td>塞浦路斯
Cyprus</td><td>41</td><td>0</td><td>2</td><td>43</td></tr>
<tr><td>捷克
Czech</td><td>44</td><td>28</td><td>214</td><td>286</td></tr>
</table>

（续表 cont'd）

国家/地区 Country / Region	2009 年 Year 2009			
	发明 Invention	实用新型 Utility Model	外观设计 Design	合计 Total
德国 Germany	21 357	433	5265	27 055
丹麦 Denmark	1402	69	503	1974
多米尼克 Dominica	1	0	0	1
厄瓜多尔 Ecuador	1	0	0	1
爱沙尼亚 Estonia	2	0	1	3
埃及 Egypt	1	1	2	4
西班牙 Spain	431	50	496	977
芬兰 Finland	3014	20	624	3658
斐济 Fiji	0	5	1	6
法国 France	9267	112	2600	11 979
英国 U. K.	4329	134	1450	5913
直布罗陀 Gibraltar	9	0	0	9
希腊 Greece	28	1	8	37
克罗地亚 Croatia	15	0	1	16
匈牙利 Hungary	87	2	10	99

（续表 cont'd）

国家/地区 Country / Region	2009 年 Year 2009			
	发明 Invention	实用新型 Utility Model	外观设计 Design	合计 Total
印度尼西亚 Indonesia	7	4	45	56
爱尔兰 Ireland	153	15	111	279
以色列 Israel	583	5	101	689
印度 India	309	2	64	375
伊拉克 Iraq	0	1	0	1
伊朗 Iran	1	0	1	2
冰岛 Iceland	26	0	0	26
意大利 Italy	3059	118	2199	5376
约旦 Jordan	0	2	0	2
日本 Japan	114 055	2029	26 645	142 729
圣基茨和尼维斯 Saint Kitts and Nevis	2	0	0	2
朝鲜 D. P. R. K.	2	0	0	2
韩国 Korea	22 600	481	4235	27 316
科威特 Kuwait	3	0	0	3
开曼群岛 Cayman Islands	131	142	248	521
哈萨克斯坦 Kazakhstan	5	1	0	6

（续表　cont'd）

国家/地区 Country / Region	2009 年 Year 2009			
	发明 Invention	实用新型 Utility Model	外观设计 Design	合计 Total
黎巴嫩 Lebanon	0	4	0	4
列支敦士登 Liechtenstein	237	0	255	492
斯里兰卡 Sri Lanka	0	2	0	2
卢森堡 Luxembourg	216	27	38	281
拉脱维亚 Latvia	1	2	0	3
摩洛哥 Morocco	1	2	3	6
摩纳哥 Monaco	27	0	12	39
马达加斯加 Madagascar	2	0	0	2
蒙古 Mongolia	0	1	0	1
马耳他 Malta	4	0	2	6
毛里求斯 Mauritius	17	24	17	58
墨西哥 Mexico	33	1	41	75
马来西亚 Malaysia	72	31	160	263
尼日利亚 Nigeria	0	0	4	4
荷兰 Netherlands	8106	48	1142	9296
挪威 Norway	559	1	109	669

（续表 cont'd）

国家/地区 Country / Region	2009 年 Year 2009			
	发明 Invention	实用新型 Utility Model	外观设计 Design	合计 Total
新西兰 New Zealand	158	7	72	237
巴拿马 Panama	128	3	5	136
菲律宾 Philippines	3	5	7	15
巴基斯坦 Pakistan	0	0	1	1
波兰 Poland	39	3	24	66
葡萄牙 Portugal	28	1	19	48
巴拉圭 Paraguay	0	0	1	1
罗马尼亚 Romania	6	0	1	7
俄罗斯联邦 Russian Federation	195	42	23	260
沙特阿拉伯 Saudi Arabia	33	0	184	217
塞舌尔 Seychelles	12	4	4	20
瑞典 Sweden	4792	68	786	5646
新加坡 Singapore	584	73	230	887
斯洛文尼亚 Slovenial	34	0	9	43
斯洛伐克 Slovakia	12	0	22	34
圣马力诺 San Marino	2	3	1	6

（续表　cont'd）

国家/地区 Country / Region	2009 年 Year 2009			
	发明 Invention	实用新型 Utility Model	外观设计 Design	合计 Total
塞内加尔 Senegal	0	0	1	1
萨尔瓦多 Salvador	1	0	0	1
泰国 Thailand	22	22	56	100
突尼斯 Tunisia	0	0	2	2
土耳其 Turkey	46	14	120	180
乌克兰 Ukraine	16	3	0	19
乌干达 Uganda	0	0	2	2
美国 U. S. A.	48 312	2406	9870	60 588
乌拉圭 Uruguay	2	1	0	3
乌兹别克斯坦 Uzbekistan	1	0	0	1
圣文森特和格林纳丁斯 Saint Vincent and the Grenadines	1	0	0	1
委内瑞拉 Venezuela	20	0	4	24
维尔京群岛 British Virgin Islands	288	168	350	806
越南 Viet Nam	0	0	4	4
瓦努阿图 Vanuatu	1	0	0	1

（续表 cont'd）

国家/地区 Country / Region	2009 年 Year 2009			
	发明 Invention	实用新型 Utility Model	外观设计 Design	合计 Total
萨摩亚 Western Samoa	1	34	9	44
南斯拉夫 Yugoslavia	3	0	0	3
南非 South Africa	210	9	15	234
津巴布韦 Zimbabwe	1	0	0	1

表 10 国际申请业务进展统计表（1985.4～2009.12） （单位：件）

PCT International Applications，1985.4－2009.12 （unit：piece）

项目 Item	总累计 Accumulated Number	2009 年 Year 2009
收到国际申请 Received international applications	33 156	8000
寄出国际申请登记本 Record copies transferred by SIPO	32 649	7876
收到国际申请检索本 International search copies received by SIPO	35 180	8535
寄出国际检索报告 International search reports delivered by SIPO	29 352	6776
收到国际初步审查要求书 Demands of international preliminary examination received by SIPO	5412	302
寄出国际初步审查报告 International preliminary examination reports delivered by SIPO	5156	420
进入中国国内阶段的国际申请（发明） International applications entering Chinese national phase（invention）	411 436	53 492
进入中国国内阶段的国际申请（实用新型） International applications entering Chinese national phase（utility model）	695	141

二、专利行政执法

各地区专利管理工作部门专利执法统计表（2009）　　（单位：件）

Patent Enforcement of the Administrative Authorities for Patent Affairs in 2009

（unit：piece）

地区 Region	类别 Class / 时间 Year	侵权纠纷 Infringement Dispute		其他纠纷 Other Issues		查处冒充专利行为 Punishment of Passoff of Patents		查处假冒他人专利行为 Punishment of Conterfeit Patents	
		立案 Entertained	结案 Closed	立案 Entertained	结案 Closed	立案 Entertained	结案 Closed	立案 Entertained	结案 Closed
合计 Total	总累计 Accumulated Number	15 771	13 046	2311	1989	14 366	13 739	760	743
	2009	937	741	26	17	548	548	30	30
北京 Beijing	总累计 Accumulated Number	363	322	223	221	196	191	5	7
	2009	21	31	1	0	0	0	0	0
天津 Tianjin	总累计 Accumulated Number	167	139	24	22	360	360	7	5
	2009	14	9	0	0	3	3	0	0
河北 Hebei	总累计 Accumulated Number	367	346	88	89	929	928	33	33
	2009	16	17	0	1	4	4	0	0
山西 Shanxi	总累计 Accumulated Number	74	56	51	36	42	38	19	18
	2009	0	0	6	0	0	0	0	0
内蒙古 Inner Mongolia	总累计 Accumulated Number	86	95	10	10	679	679	21	21
	2009	5	5	0	0	11	11	18	18
辽宁 Liaoning	总累计 Accumulated Number	343	299	174	142	48	48	17	17
	2009	8	8	6	6	4	4	0	0
吉林 Jilin	总累计 Accumulated Number	122	121	56	48	167	167	5	5
	2009	8	8	0	0	0	0	0	0
黑龙江 Heilongjiang	总累计 Accumulated Number	375	324	111	100	94	94	5	6
	2009	3	3	0	0	9	9	1	1

（续表 cont'd）

地区 Region	类别 Class / 时间 Year	侵权纠纷 Infringement Dispute		其他纠纷 Other Issues		查处冒充专利行为 Punishment of Passoff of Patents		查处假冒他人专利行为 Punishment of Conterfeit Patents	
		立案 Entertained	结案 Closed	立案 Entertained	结案 Closed	立案 Entertained	结案 Closed	立案 Entertained	结案 Closed
上海 Shanghai	总累计 Accumulated Number	482	474	62	63	193	190	6	6
	2009	10	23	0	2	6	6	0	0
江苏 Jiangsu	总累计 Accumulated Number	984	698	123	116	549	549	76	76
	2009	103	87	0	0	2	2	0	0
浙江 Zhejiang	总累计 Accumulated Number	1839	1540	77	66	81	80	12	10
	2009	62	29	0	0	2	2	3	3
安徽 Anhui	总累计 Accumulated Number	213	158	19	15	761	698	3	3
	2009	50	16	0	0	1	1	0	0
福建 Fujian	总累计 Accumulated Number	424	323	35	32	90	85	7	7
	2009	20	16	0	0	3	3	0	0
江西 Jiangxi	总累计 Accumulated Number	243	134	35	26	400	327	7	7
	2009	5	3	0	0	82	82	0	0
山东 Shandong	总累计 Accumulated Number	1719	1416	154	145	3762	3565	149	144
	2009	168	110	3	2	93	93	0	0
河南 Henan	总累计 Accumulated Number	911	667	104	64	563	561	48	47
	2009	53	54	7	3	9	9	0	0
湖北 Hubei	总累计 Accumulated Number	651	569	182	133	452	434	21	20
	2009	41	58	0	2	18	18	0	0
湖南 Hunan	总累计 Accumulated Number	536	461	225	202	888	888	35	35
	2009	43	41	1	0	114	114	2	2
广东 Guangdong	总累计 Accumulated Number	3593	3023	193	174	966	943	171	169
	2009	151	98	0	0	22	22	3	3
广西 Guangxi	总累计 Accumulated Number	146	122	54	37	23	23	0	0
	2009	3	1	0	0	0	0	0	0

（续表 cont'd）

地区 Region	类别 Class / 时间 Year	侵权纠纷 Infringement Dispute		其他纠纷 Other Issues		查处冒充专利行为 Punishment of Passoff of Patents		查处假冒他人专利行为 Punishment of Conterfeit Patents	
		立案 Entertained	结案 Closed	立案 Entertained	结案 Closed	立案 Entertained	结案 Closed	立案 Entertained	结案 Closed
重庆 Chongqing	总累计 Accumulated Number	50	37	5	1	78	77	4	4
	2009	1	0	0	0	0	0	0	0
四川 Sichuan	总累计 Accumulated Number	730	626	136	111	472	469	55	53
	2009	32	30	0	0	42	42	2	2
贵州 Guizhou	总累计 Accumulated Numberl	143	104	25	21	586	547	3	2
	2009	0	0	0	0	88	88	0	0
云南 Yunnan	总累计 Accumulated Number	167	143	29	22	168	168	12	12
	2009	19	8	1	0	5	5	1	1
西藏 Tibet	总累计 Accumulated Number	11	9	0	0	7	7	3	3
	2009	0	0	0	0	0	0	0	0
陕西 Shaanxi	总累计 Accumulated Number	163	120	29	25	677	675	0	0
	2009	19	4	0	1	0	0	0	0
甘肃 Gansu	总累计 Accumulated Number	136	85	25	18	6	5	2	1
	2009	12	2	0	0	0	0	0	0
青海 Qinghai	总累计 Accumulated Number	15	13	9	10	62	62	1	1
	2009	0	0	0	0	0	0	0	0
宁夏 Ningxia	总累计 Accumulated Number	158	159	27	18	80	80	2	2
	2009	16	17	1	0	0	0	0	0
新疆 Xinjiang	总累计 Accumulated Number	475	380	17	14	905	719	14	12
	2009	54	63	0	0	7	7	0	0
海南 Hainan	总累计 Accumulated Number	85	83	9	8	82	82	17	17
	2009	0	0	0	0	23	23	0	0

三、中国专利金奖

中国专利金奖分布统计表 （单位：项）

The Distribution of the Chinese Patent Gold Medal Patents（unit：type）

地区 Region	总计 Total	第十一届 the 11th
总计 Total	142	15
北京 Beijing	38	4
天津 Tianjin	4	
河北 Hebei	2	
辽宁 Liaoning	6	
吉林 Jilin	1	1
黑龙江 Heilongjiang	3	
上海 Shanghai	14	1
江苏 Jiangsu	7	
浙江 Zhejiang	4	3
安徽 Anhui	3	
福建 Fujian	2	
山东 Shandong	8	
河南 Henan	5	

（续表　cont'd）

地区 Region	总计 Total	第十一届 the 11th
湖北 Hubei	4	1
湖南 Hunan	3	
广东 Guangdong	13	4
广西 Guangxi	1	
海南 Hainan	2	
重庆 Chongqing	5	
四川 Sichuan	3	1
贵州 Guizhou	2	
云南 Yunnan	3	
陕西 Shaanxi	6	
甘肃 Gansu	1	
青海 Qinghai	1	
宁夏 Ningxia	1	

（本统计数据由国家知识产权局规划发展司计划统计处提供）

Ⅱ

商标

一、商标申请与注册

表 1　2009 年度商标申请和注册概况表　（单位：件）
Statistics of Trademark Applications and Registrations in 2009　(unit: piece)

	国内 Domestic	国际 International	马德里 Madrid	合计 Total
申请商标 Applications Filed for Registration	741 763	51 966	36 748	830 477
续展申请 Applications Filed for Renewal	42 397	10 615	2792	55 804
异议申请 Applications for Opposition	26 714	12 537	185	39 436
变更申请 Modification Applications	72 584	18 259	5733	96 576
转让申请 Assignment Applications	54 081	7988	2448	64 517
注销申请 Annulment Applications	4366		4299	13 861
撤销申请 Cancellation Applications	5196			
许可合同备案申请 Applications for Recordal of License Contracts	17 447			17 447
注册商标 Registrations Approved	737 228	68 471	31 944	837 643
审定商标 Trademarks Preliminarily Approved	895 994		31 941	927 935
核驳商标 Trademarks Refused	274 839		10 386	285 225
部分核驳商标 Trademarks Partly Refused	197 463		4113	201 576

（续表　cont'd）

<table>
<tr><th></th><th>国内
Domestic</th><th>国际
International</th><th>马德里
Madrid</th><th>合计
Total</th></tr>
<tr><td>变更注册商标
Registered Trademarks Modified</td><td colspan="2">98 536</td><td>7522</td><td>106 058</td></tr>
<tr><td>转让注册商标
Registered Trademarks Assigned</td><td colspan="2">63 348</td><td>3460</td><td>66 808</td></tr>
<tr><td>续展注册商标
Registered Trademarks Renewed</td><td colspan="2">55 483</td><td>3248</td><td>58 731</td></tr>
<tr><td>注销注册商标
Registered Trademarks Anulled</td><td colspan="2">60 449</td><td rowspan="2">6217</td><td rowspan="2">68 282</td></tr>
<tr><td>撤销注册商标
Registered Trademarks Cancelled</td><td colspan="2">1616</td></tr>
<tr><td>许可合同备案办理
Recordal of License Contracts Handled</td><td colspan="3">17 733</td><td>17 733</td></tr>
<tr><td>补发商标注册证
Re－issuance of Registration Certificates</td><td colspan="3">4949</td><td>4949</td></tr>
</table>

Ⅱ

表 2　2009 年度各省、自治区、直辖市商标申请与注册统计表（单位：件）

Statistics of Domestic Trademark Applications and Registrations in 2009 (Breakdown by Province / Municipality/Autonomous Region)　(unit: piece)

省、自治区、直辖市 P / M / R / S	申请件数 Applications	注册件数 Registrations	有效注册量 Registrations Effected	驰名商标 Well – know Trademarks	地理标志 Geographical Indications	中国申请人马德里注册 Madrid Registrations by Chinese Applicants
北京 Beijing	57 801	52 686	195 023	82	7	640
天津 Tianjin	8733	8234	36 754	36	4	118
河北 Hebei	20 012	21 384	82 200	69	15	159
山西 Shanxi	5628	6741	24 852	29	12	29
内蒙古 Inner Mongolia	6866	7327	25 408	23	11	44
辽宁 Liaoning	15 963	16 900	74 345	63	22	156
吉林 Jilin	7126	8800	31 961	29	21	42
黑龙江 Heilongjiang	9675	11 622	45 869	21	9	88
上海 Shanghai	41 882	35 855	143 951	70	8	500
江苏 Jiangsu	49 556	56 517	218 776	136	43	740
浙江 Zhejiang	99 934	108 815	382 548	148	103	2483
安徽 Anhui	14 848	14 930	49 375	29	18	173
福建 Fujian	41 124	45 352	157 522	107	66	756
江西 Jiangxi	9830	11 553	35 455	24	29	54
山东 Shandong	41 581	40 993	157 593	134	58	442
河南 Henan	22 395	23 491	70 554	35	17	87
湖北 Hubei	16 840	15 112	60 844	32	25	154

（续表 cont'd）

省、自治区、直辖市 P/M/R/S	申请件数 Applications	注册件数 Registrations	有效注册量 Registrations Effected	驰名商标 Well-know Trademarks	地理标志 Geographical Indications	中国申请人马德里注册 Madrid Registrations by Chinese Applicants
湖南 Hunan	15 777	16 863	61 750	62	32	103
广东 Guangdong	132 573	128 175	504 704	192	21	2102
广西 Guangxi	6455	6754	25 902	15	17	61
海南 Hainan	2706	3763	14 468	12	6	30
重庆 Chongqing	15 475	9627	34 015	27	20	109
四川 Sichuan	25 362	27 012	103 773	60	52	241
贵州 Guizhou	4646	3621	14 928	10	10	14
云南 Yunnan	12 289	8537	29 585	9	16	78
西藏 Tibet	352	513	1516	4	1	2
陕西 Shaanxi	13 064	8362	35 804	17	15	58
甘肃 Gansu	2041	3535	13 322	7	24	6
青海 Qinghai	1346	803	3481	10	12	0
宁夏 Ningxia	1457	1423	5272	5	11	9
新疆 Xinjiang	5452	6575	27 808	9	32	40
香港 Hong Kong, China	21 930	14 175	65 162	11	0	10
澳门 Macao, China	368	300	1409	1	0	0
台湾 Taiwan of China	10 676	10 878	66 122	8	1	193
合计 Total	741 763	737 228	2 802 051	1526	738	9721

＊说明：申请件数、注册件数是指2009年的商标统计情况，其他指截至2009年底的统计情况。

表 3　2009 年度外国（地区）在华商标申请统计表　（单位：件）

Statistics of Foreign Trademark Applications in 2009　(unit：piece)

外国（地区） Foreign（Region）	外国（地区）申请件数 Foreign（Region）Applications	马德里申请件数 Madrid Applications	合计 Total
阿尔巴尼亚 Albania	0	3	3
阿尔及利亚 Algeria	8	0	8
阿富汗 Afghanistan	16	0	16
阿根廷 Argentina	104	0	104
阿联酋 United Arab Emirates	244	0	244
阿曼 Oman	10	0	10
阿塞拜疆 Azerbaijan	38	94	132
埃及 Egypt	57	38	95
埃塞俄比亚 Ethiopia	0	162	162
爱尔兰 Ireland	153	34	187
爱沙尼亚 Estonia	5	0	5
安道尔 Andorra	4	0	4
安哥拉 Angola	5	0	5
安奎拉 Anguilla	3	0	3
奥地利 Austria	84	690	774
澳大利亚 Australia	1088	1389	2477
巴巴多斯 Barbados	39	2	41

（续表 cont'd）

外国（地区） Foreign（Region）	外国（地区）申请件数 Foreign（Region）Applications	马德里申请件数 Madrid Applications	合计 Total
巴哈马 Bahamas	47	0	47
巴基斯坦 Pakistan	43	0	43
巴拉圭 Paraguay	14	0	14
巴勒斯坦 Palestine	4	0	4
巴林 Bahrain	1	0	1
巴拿马 Panama	38	0	38
巴西 Brazil	217	0	217
白俄罗斯 Belarus	7	8	15
百慕大 Bermudas	265	0	265
保加利亚 Bulgaria	5	67	72
比荷卢 Benelux	0	63	63
比利时 Belgium	165	402	567
冰岛 Iceland	52	52	104
波多黎各 Puerto Rico	4	0	4
波兰 Poland	47	142	189
波斯尼亚和黑塞哥维那 Bosnia and Herzegovina	0	21	21
玻利维亚 Bolivia	3	0	3
伯利兹 Belize	8	0	8
布基纳法索 Burkina Faso	1	0	1

（续表　cont'd）

外国（地区） Foreign（Region）	外国（地区）申请件数 Foreign（Region）Applications	马德里申请件数 Madrid Applications	合计 Total
丹麦 Denmark	316	1335	1651
德国 Germany	2200	6192	8392
多哥 Togo	3	0	3
多米尼加 Dominican	2	0	2
俄罗斯 Russia	140	543	683
厄瓜多尔 Ecuador	1	0	1
法国 France	1706	2214	3920
法属波利尼西亚 French Polynesia	6	0	6
菲律宾 Philippines	46	0	46
斐济 Fiji	1	0	1
芬兰 Finland	118	523	641
刚果 Congo	4	0	4
哥伦比亚 Colombia	40	0	40
哥斯达黎加 Costa Rica	7	0	7
格鲁吉亚 Georgia	0	10	10
古巴 Cuba	1	0	1
哈萨克斯坦 Kazakhstan	8	25	33
韩国 Korea	3431	691	4122
荷兰 Netherlands	726	845	1571

（续表 cont'd）

外国（地区） Foreign (Region)	外国（地区）申请件数 Foreign (Region) Applications	马德里申请件数 Madrid Applications	合计 Total
荷属安的列斯群岛 Netherlands Antilles	188	48	236
吉尔吉斯斯坦 Kyrgyzstan	1	2	3
几内亚 Guinea	3	0	3
加拿大 Canada	914	3	917
柬埔寨 Cambodia	3	0	3
捷克 Czech	38	132	170
卡塔尔 Cartel	17	0	17
开曼群岛 Cayman Islands	1077	0	1077
科特迪瓦 Ivory Coast	3	0	3
科威特 Kuwait	43	0	43
克罗地亚 Croatia	0	26	26
肯尼亚 Kenya	20	1	21
库克群岛 Cook Islands	8	0	8
拉脱维亚 Latvia	0	13	13
黎巴嫩 Lebanon	49	0	49
立陶宛 Lithuania	5	19	24
利比里亚 Liberia	1	0	1
利比亚 Libya	17	0	17
列支敦士登 Liechtenstein	55	175	230

（续表 cont'd）

外国（地区） Foreign（Region）	外国（地区）申请件数 Foreign（Region）Applications	马德里申请件数 Madrid Applications	合计 Total
卢森堡 Luxembourg	181	348	529
罗马尼亚 Romania	20	71	91
马恩岛 Isle of Man	25	0	25
马耳他 Malta	22	24	46
马来西亚 Malaysia	759	0	759
马里 Mali	3	0	3
马绍尔群岛 Marshall Islands	20	0	20
毛里求斯 Mauritius	53	0	53
美国 U. S. A.	14 387	4665	19 052
蒙古 Mongolia	8	0	8
孟加拉 Bangladesh	11	0	11
秘鲁 Peru	8	0	8
缅甸 Myanmar	19	0	19
摩尔多瓦 Moldova	11	2	13
摩洛哥 Morocco	25	10	35
摩纳哥 Monaco	19	31	50
墨西哥 Mexico	250	0	250
南非 South Africa	202	0	202
尼泊尔 Nepal	5	0	5

（续表 cont'd）

外国（地区） Foreign（Region）	外国（地区）申请件数 Foreign（Region）Applications	马德里申请件数 Madrid Applications	合计 Total
尼日尔 Niger	1	0	1
尼日利亚 Nigeria	59	0	59
挪威 Norway	72	626	698
葡萄牙 Portugal	45	77	122
葡属马德拉岛 Madeira Island	4	0	4
日本 Japan	10 085	3255	13 340
瑞典 Sweden	414	1058	1472
瑞士 Switzerland	812	1953	2765
塞尔维亚 Serbia	1	22	23
塞浦路斯 Cyprus	26	73	99
塞舌尔 Seychelles	60	0	60
沙特阿拉伯 Saudi Arabia	113	0	113
圣马力诺 San Marino	11	1	12
斯里兰卡 Sri Lanka	11	0	11
斯洛伐克 Slovakia	3	73	76
斯洛文尼亚 Slovenia	2	148	150
苏丹 Sudan	1	1	2
塔吉克斯坦 Tajikistan	1	0	1
泰国 Thailand	266	0	266

（续表 cont'd）

外国（地区）Foreign（Region）	外国（地区）申请件数 Foreign（Region）Applications	马德里申请件数 Madrid Applications	合计 Total
坦桑尼亚 Tanzania	1	0	1
突尼斯 Tunisia	3	0	3
土耳其 Turkey	63	993	1056
危地马拉 Guatemala	2	0	2
委内瑞拉 Venezuela	8	0	8
文莱 Brunei	9	0	9
乌克兰 Ukraine	16	63	79
乌拉圭 Uruguay	12	0	12
乌兹别克斯坦 Uzbekistan	0	7	7
西班牙 Spain	683	782	1465
西萨摩亚 Western Samoa	113	0	113
希腊 Greece	84	148	232
新加坡 Singapore	1594	535	2129
新西兰 New Zealand	287	0	287
匈牙利 Hungary	14	50	64
叙利亚 Syria	33	1	34
牙买加 Jamaica	25	0	25
亚美尼亚 Armenia	2	1	3
也门 Yemen	23	0	23

（续表 cont'd）

外国（地区） Foreign（Region）	外国（地区）申请件数 Foreign（Region）Applications	马德里申请件数 Madrid Applications	合计 Total
伊拉克 Iraq	127	0	127
伊朗 Iran	62	21	83
以色列 Israel	245	0	245
意大利 Italy	1368	2693	4061
印度 India	384	0	384
印度尼西亚 Indonesia	183	0	183
英国 U. K.	2618	3041	5659
英吉利海峡群岛 English Channel Islands	11	0	11
英属根西岛 Guernsey	4	0	4
英属维尔京群岛 British Virgin Islands	1668	0	1668
英属西印度群岛 West Indies	80	0	80
约旦 Jordan	46	0	46
越南 Viet Nam	55	8	63
英属泽西岛 Jersey Island	2	0	2
直布罗陀 Gibraltar	7	3	10
智利 Chile	142	0	142
合计 Total	51 966	36 748	88 714

Ⅱ

表 4　2009 年度外国（地区）在华商标注册统计表　（单位：件）
Statistics of Foreign Trademark Registrations in 2009　（unit：piece）

外国（地区） Foreign（Region）	外国（地区）注册件数 Foreign（Region）Registrations	马德里注册件数 Madrid Registrations	合计 Total
阿尔巴尼亚 Albania	0	3	3
阿富汗 Afghanistan	4	0	4
阿根廷 Argentina	110	0	110
阿联酋 United Arab Emirates	254	14	268
阿曼 Oman	3	0	3
阿塞拜疆 Azerbaijan	11	37	48
埃及 Egypt	8	12	20
埃塞俄比亚 Ethiopia	4	0	4
爱尔兰 Ireland	171	62	233
爱沙尼亚 Estonia	1	33	34
安道尔 Andorra	1	0	1
安哥拉 Angola	2	0	2
安奎拉 Anguilla	1	0	1
奥地利 Austria	207	597	804
澳大利亚 Australia	1150	728	1878
巴巴多斯 Barbados	30	2	32
巴布亚新几内亚 Papua New Guinea	2	0	2

（续表 cont'd）

外国（地区） Foreign（Region）	外国（地区）注册件数 Foreign（Region）Registrations	马德里注册件数 Madrid Registrations	合计 Total
巴哈马 Bahamas	89	5	94
巴基斯坦 Pakistan	20	0	20
巴拉圭 Paraguay	4	0	4
巴林 Bahrain	12	0	12
巴拿马 Panama	41	5	46
巴西 Brazil	181	8	189
白俄罗斯 Belarus	5	36	41
百慕大 Bermudas	178	7	185
保加利亚 Bulgaria	7	101	108
比荷卢 Benelux	0	1944	1944
比利时 Belgium	144	0	144
冰岛 Iceland	24	114	138
波多黎各 Puerto Rico	12	0	12
波兰 Poland	102	181	283
伯利兹 Belize	6	4	10
丹麦 Denmark	339	555	894
德国 Germany	3488	7197	10 685
多哥 Togo	0	5	5
多米尼克 Dominica	2	1	3

（续表 cont'd）

外国（地区） Foreign（Region）	外国（地区）注册件数 Foreign（Region）Registrations	马德里注册件数 Madrid Registrations	合计 Total
俄罗斯 Russia	262	954	1216
法国 France	2148	3300	5448
法属波利尼西亚 French Polynesia	17	0	17
菲律宾 Philippines	127	0	127
斐济 Fiji	3	0	3
芬兰 Finland	246	368	614
哥伦比亚 Colombia	59	0	59
哥斯达黎加 Costa Rica	6	0	6
格鲁吉亚 Georgia	0	3	3
古巴 Cuba	9	0	9
哈萨克斯坦 Kazakhstan	5	43	48
韩国 Korea	4233	185	4418
荷兰 Netherlands	1006	0	1006
荷属安的列斯群岛 Netherlands Antilles	45	3	48
洪都拉斯 Honduras	1	0	1
吉尔吉斯斯坦 Kyrgyzstan	3	0	3
加拿大 Canada	1139	16	1155
柬埔寨 Cambodia	1	0	1
捷克 Czech	83	204	287

（续表 cont'd）

外国（地区） Foreign（Region）	外国（地区）注册件数 Foreign（Region）Registrations	马德里注册件数 Madrid Registrations	合计 Total
卡塔尔 Cartel	6	0	6
开曼群岛 Cayman Islands	671	2	673
科威特 Kuwait	6	0	6
克罗地亚 Croatia	0	8	8
肯尼亚 Kenya	2	0	2
库克群岛 Cook Islands	21	0	21
拉脱维亚 Latvia	3	30	33
黎巴嫩 Lebanon	28	1	29
立陶宛 Lithuania	1	20	21
利比亚 Libya	6	0	6
列支敦士登 Liechtenstein	101	250	351
卢森堡 Luxembourg	169	0	169
罗马尼亚 Romania	22	65	87
马达加斯加 Madagascar	0	1	1
马恩岛 Isle of Man	31	0	31
马耳他 Malta	7	4	11
马来西亚 Malaysia	579	7	586
马里 Mali	6	0	6
马绍尔群岛 Marshall Islands	13	0	13

（续表 cont'd）

外国（地区） Foreign（Region）	外国（地区）注册件数 Foreign（Region）Registrations	马德里注册件数 Madrid Registrations	合计 Total
毛里求斯 Mauritius	89	0	89
美国 U. S. A.	21 018	2436	23 454
蒙古 Mongolia	3	3	6
孟加拉 Bangladesh	3	0	3
秘鲁 Peru	9	0	9
缅甸 Myanmar	7	0	7
摩尔多瓦 Moldova	2	4	6
摩洛哥 Morocco	10	31	41
摩纳哥 Monaco	23	42	65
墨西哥 Mexico	460	0	460
南非 South Africa	210	0	210
尼泊尔 Nepal	2	0	2
尼日利亚 Nigeria	30	0	30
尼维斯岛 Nevis	1	0	1
挪威 Norway	66	215	281
葡萄牙 Portugal	49	103	152
葡属马德拉岛 Madeira Island	1	0	1
日本 Japan	14 119	1607	15 726
瑞典 Sweden	634	594	1228

（续表 cont'd）

外国（地区） Foreign（Region）	外国（地区）注册件数 Foreign（Region）Registrations	马德里注册件数 Madrid Registrations	合计 Total
瑞士 Switzerland	1111	2564	3675
塞尔维亚 Serbia	1	18	19
塞内加尔 Senegal	1	0	1
塞浦路斯 Cyprus	62	60	122
塞舌尔 Seychelles	10	0	10
沙特阿拉伯 Saudi Arabia	40	5	45
圣基茨和尼维斯联邦 Saint Kitts and Nevis	1	0	1
圣马力诺 San Marino	8	27	35
圣文森特和格林纳丁斯 Saint Vincent and the Grenadines	1	0	1
斯里兰卡 Sri Lanka	20	0	20
斯洛伐克 Slovakia	3	43	46
斯洛文尼亚 Slovenia	11	73	84
苏丹 Sudan	0	1	1
苏里南 Suriname	2	0	2
泰国 Thailand	272	1	273
突尼斯 Tunisia	2	0	2
土耳其 Turkey	80	435	515
瓦努阿图 Vanuatu	2	0	2
危地马拉 Guatemala	9	0	9

（续表 cont'd）

外国（地区） Foreign（Region）	外国（地区）注册件数 Foreign（Region）Registrations	马德里注册件数 Madrid Registrations	合计 Total
委内瑞拉 Venezuela	51	0	51
文莱 Brunei	11	0	11
乌克兰 Ukraine	44	62	106
乌拉圭 Uruguay	2	0	2
乌兹别克斯坦 Uzbekistan	4	0	4
西班牙 Spain	945	794	1739
西萨摩亚 Western Samoa	94	0	94
希腊 Greece	56	24	80
新加坡 Singapore	1367	226	1593
新西兰 New Zealand	375	7	382
匈牙利 Hungary	29	90	119
叙利亚 Syria	29	4	33
牙买加 Jamaica	5	0	5
也门 Yemen	9	0	9
伊拉克 Iraq	6	0	6
伊朗 Iran	41	43	84
以色列 Israel	189	1	190
意大利 Italy	2571	3465	6036

（续表 cont'd）

外国（地区） Foreign（Region）	外国（地区）注册件数 Foreign（Region）Registrations	马德里注册件数 Madrid Registrations	合计 Total
印度 India	333	5	338
印度尼西亚 Indonesia	145	1	146
英国 U. K.	3337	1765	5102
英吉利海峡群岛 English Channel Islands	17	0	17
英属根西岛 Guernsey	1	0	1
英属维尔京群岛 British Virgin Islands	2352	30	2382
英属西印度群岛 West Indies	231	0	231
约旦 Jordan	18	0	18
越南 Viet Nam	50	35	85
英属泽西岛 Jersey Island	19	0	19
直布罗陀 Gibraltar	19	15	34
智利 Chile	71	0	71
合计 Total	68 471	31 944	100 415

表 5　2009 年度按类申请和注册商标统计表　（单位：件）

Statistics of Trademark Applications and Registrations Sorted out According to Class in 2009 (unit: piece)

	申　请 Applications				注　册 Registrations			
类别 Class	国内 Domestic	国际 International	马德里 Madrid	合计 Total	国内 Domestic	国际 International	马德里 Madrid	合计 Total
1	15 614	1145	875	17 634	16 888	1956	884	19 728
2	7586	438	282	8306	8839	700	284	9823
3	21 557	2920	1397	25 874	23 785	3120	1258	28 163
4	5032	379	259	5670	5477	577	337	6391
5	25 882	2326	1331	29 539	36 472	3116	1391	40 979
6	20 066	1028	869	21 963	18 213	1633	774	20 620
7	27 100	2065	1478	30 643	30 624	2814	1358	34 796
8	5360	570	414	6344	5637	636	379	6652
9	45 387	5019	3513	53 919	35 961	5742	2868	44 571
10	7190	1141	850	9181	7783	1496	782	10 061
11	38 809	1598	1112	41 519	23 555	1694	973	26 222
12	16 701	1140	938	18 779	19 826	1667	675	22 168
13	1374	89	90	1553	1825	77	39	1941
14	10 395	1025	858	12 278	12 726	1650	801	15 177
15	1679	182	88	1949	2747	313	73	3133
16	16 501	1740	1337	19 578	20 962	3014	1197	25 173
17	7149	557	582	8288	7561	1085	561	9207
18	15 348	1708	1181	18 237	14 933	2532	1086	18 551
19	19 802	591	536	20 929	18 603	973	513	20 089
20	19 390	931	771	21 092	19 519	1563	707	21 789
21	13 312	1179	665	15 156	13 845	1540	601	15 986

（续表 cont'd）

	申请 Applications				注册 Registrations			
类别 Class	国内 Domestic	国际 International	马德里 Madrid	合计 Total	国内 Domestic	国际 International	马德里 Madrid	合计 Total
22	2651	236	176	3063	3514	377	174	4065
23	2477	138	95	2710	3580	232	117	3929
24	12 474	851	572	13 897	12 919	1234	569	14 722
25	76 214	3875	1918	82 007	88 756	5622	1418	95 796
26	4064	296	217	4577	5854	476	183	6513
27	3065	254	183	3502	3206	382	175	3763
28	11 056	1323	901	13 280	11 851	2170	701	14 722
29	32 727	1177	551	34 455	36 388	1673	462	38 523
30	47 359	1927	751	50 037	41 813	2229	529	44 571
31	19 414	546	283	20 243	20 779	720	246	21 745
32	15 373	992	585	16 950	13 944	1116	424	15 484
33	21 703	1329	581	23 613	14 780	974	548	16 302
34	2306	204	217	2727	4166	343	182	4691
35	41 583	2718	2052	46 353	27 051	2527	1248	30 826
36	9562	889	764	11 215	8958	1097	608	10 663
37	9602	735	983	11 320	10 372	1234	952	12 558
38	5376	693	780	6849	5213	743	778	6734
39	7726	458	559	8743	8287	623	481	9391
40	5168	401	516	6085	5781	591	512	6884
41	17 481	1795	1445	20 721	15 808	2061	1143	19 012
42	14 391	1578	1970	17 939	13 092	2089	1873	17 054
43	26 093	937	485	27 515	23 076	1286	359	24 721
44	9497	554	406	10 457	9894	621	372	10 887
45	3167	289	332	3788	2365	153	349	2867
合计 Total	741 763	51 966	36 748	830 477	737 228	68 471	31 944	837 643

Ⅱ

表 6　1979 ~2009 年商标注册申请及核准注册商标统计表　（单位：件）
Statistics of Trademark Applications and Registrations Approved, 1979 –2009

(unit: piece)

年度 Year	申请 Applications				核准注册 Registrations Approved			
	国内 Domestic	国际 International	马德里 Madrid	合计 Total	国内 Domestic	国际 International	马德里 Madrid	合计 Total
1979					27 459	5130		32 589
1980				26 177	15 348	1297		16 645
1981				23 004	15 707	2049		17 756
1982	17 000	1565		18 565	12 385	4672		17 057
1983	19 120	1687		20 807	4293	2278		6571
1984	26 487	3077		29 564	13 252	1518		14 770
1985	43 445	5798		49 243	19 584	2084		21 668
1986	45 031	5939		50 970	26 993	5126		32 119
1987	40 014	4055		44 069	27 687	4454		32 141
1988	41 683	5866		47 549	25 448	3604		29 052
1989	43 202	5209		48 411	31 810	4625		36 435
1990	50 853	4371	2048	57 272	25 966	4036	1269	31 271
1991	59 124	5885	2595	67 604	34 501	3523	2306	40 330
1992	79 837	8367	2591	90 795	42 710	4198	1180	48 088
1993	107 758	21 014	3551	132 323	42 668	3999	2059	48 726
1994	117 186	20 238	5193	142 617	47 482	7803	3016	58 301
1995	144 610	21 442	6094	172 146	59 895	12 591	19 380	91 866
1996	122 057	22 615	7132	151 804	101 178	15 843	11 407	128 428
1997	118 577	21 676	8502	148 755	188 047	24 958	10 033	223 038
1998	129 394	18 252	10 037	157 683	80 095	14 137	13 478	107 710
1999	140 620	18 883	11 212	170 715	96 139	13 896	12 366	122 401
2000	181 717	24 623	16 837	223 177	129 441	16 327	12 807	158 575
2001	229 775	23 234	17 408	270 417	167 563	19 017	16 259	202 839
2002	321 034	37 221	13 681	371 936	169 904	23 364	19 265	212 533
2003	405 620	33 912	12 563	452 095	206 070	21 188	15 253	242 511
2004	527 591	44 938	15 396	587 925	225 394	25 069	16 156	266 619
2005	593 382	52 166	18 469	664 017	218 731	23 792	16 009	258 532
2006	669 276	56 840	40 203	766 319	228 814	25 254	21 573	275 641
2007	604 952	59 714	43 282	707 948	215 161	19 159	29 158	263 478
2008	590 525	60 704	46 890	698 119	342 498	31 870	29 101	403 469
2009	741 763	51 966	36 748	830 477	737 228	68 471	31 944	837 643
合计 Total	6 211 633	641 257	320 432	7 222 503	3 579 451	415 332	284 019	4 278 802

二、商标评审案件

表 7　2009 年度商标评审案件统计表
Statistics of Trademark Cases Reviewed and Adjudicated in 2009

项目 Item	案件类型 Cases by Category	数量（件） Number of Cases（piece）
申请量 Applications Accepted	驳回商标注册申请复审 Review of Rejection of Trademark Applications	50 572
	商标异议复审 Review of Trademark Oppositions	5101
	注册商标争议 Disputes over Registered Trademarks	1838
	撤销注册商标复审 Review of Cancellation of Registered Trademarks	360
	总计 Total	57 871
裁决量 Adjudications	驳回商标注册申请复审 Review of Rejection of Trademark Applications	28 594
	商标异议复审 Review of Trademark Oppositions	3822
	注册商标争议 Disputes over Registered Trademarks	3989
	撤销注册商标复审 Review of Cancellation of Registered Trademarks	597
	总计 Total	37 002
行政诉讼 Administrative Proceedings	一审 First instance	1346
	二审 Second instance	465
	再审 Retrial	32
	总计 Total	1843
行政复议 Administrative Reconsideration	申请量 Applications Accepted	98
	结案量 Total cases adjudicated	84

三、商标行政执法案件

表 8　2009 年全国查处商标一般违法案件统计表

项　目		案件总数（件）		其中：涉外案件数		立案查处案件数（件）								案值（万元）	罚款金额（万元）	收缴和消除商标标识（件）	销毁物品（件）
		合计	其中：投诉案件	合计	其中：投诉案件	小计	其中：投诉案件	案值 5 万元以下	案值 5～10 万元	案值 10～30 万元	案值 30～100 万元	案值 100 万元以上	罚款 10 万元以上				
合　计		7448	1360	202	62	6930	1107	6541	182	103	58	46	30	43 573	4716	385 237	64 667
注册商标使用的管理	自行改变注册商标的	145	73			125	55	116	1	3	1	4		806	*	*	*
	自行改变注册商标注册人名义、地址或其他注册事项的	196	52			161	38	159			2			204	*	*	*
	自行转让注册商标的	27	1			21	1	21						5	*	*	*
	商品粗制滥造、以次充好、欺骗消费者的	762	151	16	2	737	125	721	13	3			2	485	366	*	*
未注册商标使用的管理	冒充注册商标的	3941	696	143	50	3618	537	3350	114	70	47	37	22	38 583	2517	*	*
	商品粗制滥造、以次充好、欺骗消费者的	527	185	27	5	475	175	429	33	12		1		828	260	*	*
	违反《商标法》第六条规定的	53	12			49	12	49						97	33	*	*
	违反《商标法》第十条规定的	53	2			51	2	51						51	28	*	*
商标使用许可合同的管理	违反《商标法》第四十条第一款规定的	83	11	3	3	83	11	81	1	1				64	96	*	*
	违反《商标法》第四十条第二款规定的	48	30			41	21	40	1					50	*	3997	3305
违反《商标法》第十三条规定的		69	24			66	24	63	2		1			137	*	7522	695
违反《商标印制管理办法》规定的		1332	88	13	2	1314	83	1279	16	14	2	3	5	1751	1193	355 394	59 384
违法使用地理标志的		30	1			30	1	30						3	13	24	416
违法使用地理标志产品专用标志的		6	3			5	3	5						12	3	650	230
违法使用特殊标志的		20	3			19	3	17			2			143	91	92	147
违法使用奥林匹克标志的		156	28			135	16	130	1		3	1	1	355	116	17 558	490

Statistics of General Trademark Offense Cases Nationwide in 2009

Item		Total Number of Cases		Among: Number of Foreign-related Cases		Number of Cases Handled								Total Value (10 000 yuan)	Total Fines (10 000 yuan)	Trademark Reproduction Seized and Removed (peice)	Faulty Articles Destroyed (item)
		Total	Comp-laint Cases	Total	Complaint Cases	Total	Complaint Cases	Value < 50 000	Value 50 000 ~ 100 000	Value 100 000 ~ 300 000	Value 300 000 ~1 million	Value >1 million	Fine > 100 000				
Total		7448	1360	202	62	6930	1107	6541	182	103	58	46	30	43 573	4716	385 237	64 667
Administration on the use of registered trademarks	Alterring the registered trademark without approval	145	73			125	55	116	1	3	1	4		806	*	*	*
	Alterring the name, address or other registered matters withour approval	196	52			161	38	159			2			204	*	*	*
	Assigning a registered trademark without approval	27	1			21	1	21						5	*	*	*
	Producing shoddy goods to deceive consumers	762	151	16	2	737	125	721	13	3			2	485	366	*	*
Administrationon the use of unregistered trademarks	Passing unregistered trademarks off as registered trademrks	3941	696	143	50	3618	537	3350	114	70	47	37	22	38 583	2517	*	*
	Producing shoddy goods to deceive consumers	527	185	27	5	475	175	429	33	12		1		828	260	*	*
	Violating Article 6 of Trademark Law	53	12			49	12	49						97	33	*	*
	Violating Article 10 of Trade-mark Law	53	2			51	2	51						51	28	*	*
Administration of trademark license contracts	Violating Article 40 (1) of Trademark Law	83	11	3	3	83	11	81	1	1				64	96	*	*
	Violating Article 40 (2) of Trademark Law	48	30			41	21	40	1					50	*	3997	3305
Violating Article 13 of Trademark Law		69	24			66	24	63	2		1			137	*	7522	695
Violating the Regulation on Trademark Printing		1332	88	13	2	1314	83	1279	16	14	2	3	5	1751	1193	355 394	59 384
Illegal use of Geographical Indications		30	1			30	1	30						3	13	24	416
Illegal use of Geographical Indications Special Sign		6	3			5	3	5						12	3	650	230
Illegal use of Special Signs		20	3			19	3	17			2			143	91	92	147
Illegal use of Olympic Signs		156	28			135	16	130	1		3	1	1	355	116	17 558	490

表 9　2009 年全国查处商标侵权假冒案件统计表

项目		案件总数(件)		其中:涉外案件		立案查处案件(件)								案值(万元)	罚款金额(万元)	没收、销毁侵权商品(件)	没收、销毁侵权商标标识(件)	没收、销毁专门用于制造侵权商品和伪造注册商标标识的工具(件)	移送司法机关					
																			案件数			其中:涉外案件数		
		合计	其中:投诉案件	合计	其中:投诉案件	小计	其中:投诉案件	案值 5 万元以下	案值 5 ~ 10 万元	案值 10 ~ 30 万元	案值 30 ~ 100 万元	案值 100 万元以上	罚款 10 万元以上						合计(件)	其中:投诉案件	移送人数(人)	合计(件)	其中:投诉案件	移送人数(人)
合　计		43 596	11 860	10 259	3670	42 030	11 126	40 603	932	353	106	36	226	57 631	35 839	17 120 184	13 148 785	3409	*	*	*	*	*	*
假冒商标	小计	8971	2311	2983	373	8512	2006	8274	137	76	18	7	43	10 897	7009	3 308 291	2 721 958	1654	92	33	109	48	21	75
	未经注册商标所有人的许可，在相同商品上使用与其注册商标相同的商标的	3136	963	850	[illegible]	2925	810	2801	80	38	6		21	4925	3514	2 168 412	1 053 024	1451	39	14	43	25	8	32
	伪造、擅自制造他人注册商标标识或者销售伪造、擅自制造的注册商标标识的	950	180	160	43	909	142	900	8	1			2	728	596	148 382	1 004 720	137	20	1	11	1		1
	销售明知是假冒注册商标的商品的	4885	1168	1973	516	4678	1054	4573	49	37	12	7	20	5243	2899	991 497	664 214	66	33	18	55	22	13	42
商标侵权	小计	34 625	9549	7276	2797	33 518	9120	32 329	795	277	88	29	183	46 735	28 831	13 311 893	10 426 827	1755	*	*	*	*	*	*
	未经注册商标所有人的许可，在相同商品上使用与其注册商标近似的商标或在类似商品上使用与其注册商标相同或近似的商标的	6653	1808	2172	582	6373	1644	5936	298	95	32	12	68	15 797	8932	6 664 562	7 076 110	749	*	*	*	*	*	*
	销售侵犯注册商标专用权的商品的	26 191	7346	4960	2183	25 417	7137	24 743	444	162	51	17	103	29 136	18 425	6 363 835	1 787 237	892	*	*	*	*	*	*
	在同一种或类似商品上，将与他人注册商标相同或近似的标志作为商品名称或者商品装潢使用，误导公众的	924	216	87	19	906	177	859	36	9	2		3	982	814	585 685	745 962	11	*	*	*	*	*	*
	故意为侵犯他人注册商标专用权行为提供仓储、运输、邮寄、隐匿便利条件的	44	5	[illegible]	1	44	5	44						58	41	19 005	42 909	1	*	*	*	*	*	*
	未经商标注册人同意更换其注册商标并将该更换商标的商品又投入市场的	31	14			31	13	27	4					52	31	8734			*	*	*	*	*	*
	给他人注册商标专用权造成其他损害的	306	74	26	10	302	73	291	5	5	1		4	336	227	41 923	676 404	66	*	*	*	*	*	*
	侵犯地理标志专用权的	27	13	9		27	13	27						41	7	194	200		*	*	*	*	*	*
	侵犯特殊标志所有权的	17	3	3		17	3	17						6	8	138			*	*	*	*	*	*
	侵犯奥林匹克标志专用权的	340	66	8	2	310	51	297	7	4	2		4	277	272	99 876	97 995	31	*	*	*	*	*	*
	侵犯世界博览会标志专用权的	92	4			91	4	88	1	2			1	48	75	27 941	10	5	*	*	*	*	*	*

Statistics of Trademark infringement and Counterfeiting Cases Nationwide in 2009

Category	Item	Total Number of Cases: Total	Total Number of Cases: Number of Complaint Cases	Number of Foreign-related Cases: Total	Number of Foreign-related Cases: Number of Complaint Cases	Number of Cases Handled: Subtotal	Number of Cases Handled: Number of Complaint Cases	Number of Cases Handled: Amounts of Value Involved <50 000	Number of Cases Handled: Amounts of Value Involved from 50 000 to 100 000	Number of Cases Handled: Amounts of Value Involved from 100 000 to 300 000	Number of Cases Handled: Amounts of Value Involved from 300 000 to 1 000 000	Number of Cases Handled: Amounts of Value Involved >1 000 000	Number of Cases Handled: Fine >100 000	Amounts of Value Involved (ten thousand Yuan)	Amounts of Fines (ten thousand Yuan)	Number of Infringing Articles Destructed (pieces)	Number of Infringing Trademark Labels Seized and Removed (pieces)	Number of Tools Specially Used to Manufacture the Infringing Goods and Counterfeit Labels of the Registered Trademarks Destructed (pieces)	Cases Transferred to Judicial Organs: Number of Cases: Total	Cases Transferred to Judicial Organs: Number of Cases: Number of Complaint	Cases Transferred to Judicial Organs: Number of Cases: Number of Persons Transferred	Cases Transferred to Judicial Organs: Number of Foreign-related Cases: Total	Cases Transferred to Judicial Organs: Number of Foreign-related Cases: Number of Complaint	Cases Transferred to Judicial Organs: Number of Foreign-related Cases: Number of Persons Transferred
	Total	43 596	11 860	10 259	3670	42 030	11 126	40 603	932	353	106	36	226	57 631	35 839	17 120 184	13 148 785	3409	*	*	*	*	*	*
Trademark Counterfeiting	Subtotal	8971	2311	2983	873	8512	2006	8274	137	76	18	7	43	10 897	7009	3 308 291	2 721 958	1654	92	33	109	48	21	75
Trademark Counterfeiting	Using an indentical trademark on the same goods without the consent of the proprietor	3136	963	850	314	2925	810	2801	80	38	6		21	4925	3514	2 168 412	1 053 024	1451	39	14	43	25	8	32
Trademark Counterfeiting	Selling, outerfeiting or making, without authorization, lables of a registered trademark of others	950	180	160	43	909	142	900	8	1			2	728	596	148 382	1 004 720	137	20	1	11	1		1
Trademark Counterfeiting	Selling goods that bear couterfeited registered trademarks knowingly	4885	1168	1973	516	4678	1054	4573	49	37	12	7	20	5243	2899	991 497	664 214	66	33	18	55	22	13	42
Trademark Infringements	Subtotal	34 625	9549	7276	2797	33 518	9120	32 329	795	277	88	29	183	46 735	28 831	13 811 893	10 426 827	1755	*	*	*	*	*	*
Trademark Infringements	Using a similar trademark on the same goods, or an identical or similar trademark on similar goods without authorization	6653	1808	2172	582	6373	1644	5936	298	95	32	12	68	15 797	8932	6 664 562	7 076 110	749	*	*	*	*	*	*
Trademark Infringements	Selling goods that infringe the exclusive right to a registered trademark	26 191	7346	4960	2183	25 417	7137	24 743	444	162	51	17	103	29 136	18 425	6 363 835	1 787 237	892	*	*	*	*	*	*
Trademark Infringements	Using identical or similar marks to a registered trademark of others, on the same or similar goods, as the name or decoration of the goods	924	216	87	19	906	177	859	36	9	2		3	982	814	585 685	745 962	11	*	*	*	*	*	*
Trademark Infringements	Facilitating the infringement behaviors by providing storage, transportation, postal serviceand concealment intentionally	44	5	11	1	44	5	44						58	41	19 005	42 909	1	*	*	*	*	*	*
Trademark Infringements	Changing other's registered trademark without authorization, and selling goods bearing areplaced trademark	31	14			31	13	27	4					52	31	8734			*	*	*	*	*	*
Trademark Infringements	Causing other damages to the exclusive right to a registered trademark of others	306	74	26	10	302	73	291	5	5	1		4	336	227	41 923	676 404	66	*	*	*	*	*	*
Trademark Infringements	Infringing the exclusive right of Geographical Indications	27	13	9		27	13	27						41	7	194	200		*	*	*	*	*	*
Trademark Infringements	Infringing the exclusive right of Special Signs	17	3	3		17	3	17						6	8	138			*	*	*	*	*	*
Trademark Infringements	Infringing the exclusive right of Olympic Signs	340	66	8	2	310	51	297	7	4	2		4	277	272	99 876	97 995	31	*	*	*	*	*	*
Trademark Infringements	Infringing the exclusive right of the Symbols of World Expo	92	4			91	4	88	1	2			1	48	75	27 941	10	5	*	*	*	*	*	*

表 10 2009 年各省、自治区、直辖市查处商标一般违法案件统计表
Statistics of General Trademark Offenses in 2009
(Breakdown by Province / Municipality / Autonomous Region)

地区 Region	案件总数（件） Total Number of Cases	其中涉外案件数 Number of Foreign-related Cases	案值（万元） Amounts of Value Involved (ten thousand Yuan)	罚款金额（万元） Amounts of Fines (ten thousand Yuan)
合计 Total	7448	202	43 573. 38	4715. 68
北京 Beijing	19	0	581. 43	45. 7
天津 Tianjin	5	0	4. 15	0. 49
河北 Hebei	642	24	1661. 39	332. 94
山西 Shanxi	584	12	96. 57	131. 6
内蒙古 Inner Mongolia	138	0	57. 29	51. 36
辽宁 Liaoning	152	2	135. 65	75. 77
吉林 Jilin	57	3	142. 03	96. 09
黑龙江 Heilongjiang	299	0	827. 61	227. 44
上海 Shanghai	68	1	12 953. 15	220. 74
江苏 Jiangsu	242	0	17 979. 86	572. 13
浙江 Zhejiang	888	6	3295. 09	940. 9
安徽 Anhui	273	0	157. 96	121. 31
福建 Fujian	418	73	324. 62	194. 16
江西 Jiangxi	184	19	172. 49	151. 45
山东 Shandong	530	9	570. 96	252. 78

（续表 cont'd）

地区 Region	案件总数（件） Total Number of Cases	其中涉外案件数 Number of Foreign-related Cases	案值（万元） Amounts of Value Involved (ten thousand Yuan)	罚款金额（万元） Amounts of Fines (ten thousand Yuan)
河南 Henan	574	0	619. 23	245. 33
湖北 Hubei	339	0	163. 56	145. 55
湖南 Hunan	163	0	341. 10	68. 61
广东 Guangdong	348	7	1476. 68	235. 14
广西 Guangxi	41	0	28. 41	7. 43
海南 Hainan	237	35	305. 88	92. 68
重庆 Chongqing	142	1	298. 35	78. 30
四川 Sichuan	295	0	293. 52	96. 37
贵州 Guizhou	165	1	230. 69	44. 00
云南 Yunnan	136	0	228. 20	78. 22
西藏 Tibet	4	0	24. 00	1. 00
陕西 Shaanxi	95	0	159. 80	73. 51
甘肃 Gansu	65	9	14. 76	22. 37
青海 Qinghai	169	0	109. 01	30. 92
宁夏 Ningxia	18	0	9. 45	2. 28
新疆 Xinjiang	158	0	310. 49	79. 11

表 11　2009 年各省、自治区、直辖市查处商标侵权假冒案件统计表
Statistics of General Trademark Offenses and Trademark Infringement and Counterfeiting Cases in 2009 (Breakdown by Province/Municipality/Autonomous Region)

地区 Region	案件总数（件）Total Number of Cases (unit)	其中涉外案件数 Of which: Number of Foreign-related Cases (unit)	案值（万元）Amounts of Value Involved (ten thousand Yuan)	罚款金额（万元）Amounts of Fines (ten thousand Yuan)
合计 Total	43 596	10 259	57 631. 32	35 839. 21
北京 Beijing	1641	772	3560. 01	3272. 98
天津 Tianjin	425	25	317. 94	167. 93
河北 Hebei	1163	6	1021	737. 17
山西 Shanxi	1744	69	428. 33	442. 96
内蒙古 Inner Mongolia	228	0	142. 65	124. 78
辽宁 Liaoning	655	114	718. 61	527. 78
吉林 Jilin	287	32	476. 34	224. 32
黑龙江 Heilongjiang	1011	0	915. 38	501. 97
上海 Shanghai	2705	1815	4026. 7	1904. 55
江苏 Jiangsu	1784	98	7374. 59	1375. 69
浙江 Zhejiang	6345	2945	14 449. 96	10 976. 38
安徽 Anhui	1974	93	926. 4	1031. 91
福建 Fujian	3406	790	1944. 9	1635. 43
江西 Jiangxi	835	23	1096. 81	523. 43
山东 Shandong	3195	348	1883. 84	1664. 65

（续表 cont'd）

地区 Region	案件总数（件） Total Number of Cases (unit)	其中涉外案件数 Of which: Number of Foreign-related Cases (unit)	案值（万元） Amounts of Value Involved (ten thousand Yuan)	罚款金额（万元） Amounts of Fines (ten thousand Yuan)
河南 Henan	3485	79	2913.29	1507.84
湖北 Hubei	1007	42	1110.34	607.78
湖南 Hunan	572	1	2181.9	493.30
广东 Guangdong	4239	2699	5617.72	5065.31
广西 Guangxi	559	42	322.04	175.89
海南 Hainan	382	56	335.55	234.46
重庆 Chongqing	624	49	1056.81	539.40
四川 Sichuan	1305	43	1444.44	799.15
贵州 Guizhou	653	4	472.63	222.92
云南 Yunnan	847	28	834.18	413.50
西藏 Tibet	45	0	68.8	2.70
陕西 Shaanxi	429	16	71.97	24.16
甘肃 Gansu	544	13	292.14	165.76
青海 Qinghai	805	0	517.2	211.69
宁夏 Ningxia	89	8	35.03	29.16
新疆 Xinjiang	613	49	1073.82	234.26

表 12 2009 年全国查处商标违法案件基本情况（与 2008 年同期对比）
Statistics of Handling of Trademark Offenses Nationwide in 2009 (Compared with 2008)

项目 Item		2009 年 Year 2009	2008 年 Year 2008	增减量 Reduction	增长率（%）Increasing Rate（%）
案件数 Number of Cases	合计（件）Total（piece）	51 044	56 634	-5590	-9.87
	1. 一般违法案件 General Trademark Offense Cases	7448	9589	-2141	-22.33
	侵权假冒案件 Infringement and Counterfeiting Cases	43 596	47 045	-3449	-7.33
	2. 国内 Domestic	40 583	45 492	-4909	-10.79
	涉外 Foreign - related	10 461	11 142	-681	-6.11
收缴和消除商标标识（万件）Number of Trademark Labels Seized and Removed (ten thousand pieces)		13 534 022	19 630 939	-6 096 917	-31.06
罚没金额（万元）Amounts of Fines（ten thousand Yuan）		40 555	46 740	-6185	-13.23
案值（万元）Amounts of Value involved（ten thousand Yuan）		101 205	135 681	-34 476	-25.41
移送司法机关 Transferred to Judicial Organs	案件（件）Number of Cases（unit）	92	137	-45	-32.85
	人数（人）Number of Persons（unit）	109	145	-36	-24.83

表 13 1996～2009 年全国查处商标违法案件基本情况

（单位：件、吨、万元）

Statistics of Handling of Trademark Offenses Nationwide, 1996－2009

（unit：piece，ton，ten thousand Yuan）

项目 Item	一般违法案件 General Trademark Offense Cases			侵权假冒案件 Infringement and Counterfeiting Cases			
	案件数 Number of Cases	处理情况 Result		案件数 Number of Cases	处理情况 Result		
		收缴标识 Trademark Reproductions Seized	罚款 Fines		收缴标识 Trademark Reproductions Seized	收缴工具 Tools Seized	罚 款 Fines
1996	13 849	160 059 652	2050	16 209	281 539 577	5043	6053
1997	16 706	79 838 077	2390	15 321	159 931 704	4826	6244
1998	14 216	81 222 994	2019	14 736	323 937 005	19 340	6535
1999	15 368	72 103 697	2940	16 949	134 307 482	4403	7669
2000	16 239	76 567 502	4428	22 001	153 607 455	10 252	10 069
2001	18 350	111 135 273	7815	22 813	138 795 152	14 004	13 190
2002	15 566	73 854 341	7850	23 539	78 979 514	14 882	13 561
2003	11 001	26 358 972	4524	26 488	58 395 994	15 597	19 639
2004	11 680	2 806 903	4749	40 171	36 144 891	280 781	22 088
2005	10 305	4 278 873	5360	39 107	46 508 620	18 414	28 870
2006	9320	2 339 095	5001	41 214	28 019 264	2905	34 787
2007	8004	766 864	5320	42 314	27 400 110	4201	36 443
2008	9589	1 124 425	6160	47 045	18 506 514	16 773	40 580
2009	7448	385 237	4716	43 596	13 148 785	3409	35 839

Ⅱ

四、驰名商标行政认定

表14 商标局2009年在商标管理案件中认定并公布的277件驰名商标
The 277 Well-known Trademarks Recognized and Published by the Trademark Office (CTMO) in Trademark Administration Cases in 2009

序号 No.	商标 Trademark	注册人/所有人 Registrant/Owner	类别及使用商品/服务 Class and Goods/Service
1	爱特福及图	江苏爱特福药物保健品有限公司	第5类：消毒剂
2	今麦郎	今麦郎食品有限公司	第30类：方便面
3	易事特	广东易事特电源股份有限公司	第9类：稳压电源
4	富煌及图	安徽富煌钢构股份有限公司	第6类：金属建筑材料
5	毛家及图	韶山毛家饭店发展有限公司	第42类：餐馆
6	GRIFINE及图	广东能强陶瓷有限公司	第19类：瓷砖
7	威王 WEI WANG及图	广东威王集团有限公司	第11类：电饭锅
8	SEARI及图	上海电器科学研究所（集团）有限公司	第9类：计算器控制设备装置
9	宝怡	深圳市宝怡珠宝首饰有限公司	第14类：戒指（珠宝）、项链（珠宝）
10	翠绿	深圳市翠绿珠宝首饰有限公司	第14类：翡翠、装饰品（珠宝）
11	DongMing及图	河北东明实业集团有限公司	第18类：皮革
12	鹰牌及图	佛山石湾鹰牌陶瓷有限公司	第19类：彩釉砖
13	海澜之家 HEILAN HOME及图	海澜之家服饰股份有限公司	第25类：服装
14	第1078573号图形	潮州正龙电池工业有限公司	第9类：干电池
15	罡阳及图	江苏罡阳股份有限公司	第12类：摩托车发动机曲轴连杆
16	富安娜 fuanna及图	深圳市富安娜家居用品股份有限公司	第21类：床上用品
17	地王	抚松金隆木业集团有限公司	第19类：实木复合地板
18	驰动 CHIDONG及图	济南柴油机股份有限公司	第7类：柴油机、柴油机发电机组、天然气机发电机组
19	COSLIGHT及图	哈尔滨光宇集团股份有限公司	第9类：蓄电池、电池
20	GW	威海光威集团有限责任公司	第28类：钓具
21	阮仕	浙江阮仕珍珠股份有限公司	第14类：珍珠（珠宝）
22	NANSHAN及图	山东南山铝业股份有限公司	第24类：精纺呢绒、毛料布
23	RUNTU 闰土及图	浙江闰土股份有限公司	第2类：染料
24	巨化 JH	巨化集团公司	第1类：烧碱

（续表 cont'd）

序号 No.	商标名称 Trademark	注册人/所有人 Registrant/Owner	类别及使用商品/服务 Class and Goods/Service
25	临海蜜橘	临海市特产技术推广总站	第 31 类：柑橘
26	梧桐及图	黑龙江泰丰粮油食品有限公司	第 29 类：大米
27	楚门文旦及图	玉环县文旦研究所	第 31 类：文旦（柚）
28	第 1439614 号图形	广厦控股创业投资有限公司	第 37 类：建筑
29	丹吉娅 Danjiya 及图	浙江袜业有限公司	第 25 类：袜子
30	JH	中山建华管桩有限公司	第 19 类：高强混凝土管桩
31	飞捷	福建省永安轴承有限责任公司	第 7 类：工业轴承
32	好当家 HOMEY 及图	山东好当家海洋发展股份有限公司	第 29 类：海参（非活）、虾（非活）
33	第 3367796 号图形	宣化新钟楼啤酒有限公司	第 32 类：啤酒
34	樱雪 Inse 及图	中山市樱雪集团有限公司	第 11 类：燃气热水器、燃气炉
35	BEIFA	贝发集团有限公司	第 16 类：钢笔、圆珠笔
36	世友 SHIYOU 及图	浙江世友木业有限公司	第 19 类：木地板
37	第 590322 号图形	广州市华南橡胶轮胎有限公司	第 12 类：汽车轮胎、汽车内胎
38	力霸皇 LIBAHUANG 及图	浙江力霸皇工贸集团有限公司	第 12 类：自行车、电动自行车
39	五得利及图	五得利面粉集团有限公司	第 30 类：面粉
40	蒙努	海宁蒙努集团有限公司	第 25 类；皮衣
41	艾莱依	艾莱依集团有限公司	第 25 类：羽绒服装
42	征峰及图	四川省资阳市征峰鞋业有限责任公司	第 25 类：胶鞋
43	中捷 ZOJE 及图	中捷缝纫机股份有限公司	第 7 类：工业缝纫机
44	爱迪尔 IDEAL 及图	浙江爱迪尔包装集团公司	第 16 类：纸盒、包装纸
45	上峰 SALFO 及图	上峰集团有限公司	第 16 类：纸箱、瓦楞原纸
46	新亚 SHINE 及图	广东新亚光电缆实业有限公司	第 9 类：电线、电缆
47	同大 TITAN 及图	山东同大集团有限公司	第 6 类：镍网
48	农哈哈及图	河北农哈哈机械集团有限公司	第 7 类：播种机
49	KEKE 克刻	贵州益佰制药股份有限公司	第 5 类：止咳药
50	以岭及图	石家庄以岭药业股份有限公司	第 5 类：中药成药
51	净雅	净雅餐饮集团有限公司	第 43 类：餐厅
52	胡姬花	嘉里粮油（青岛）有限公司	第 29 类：食用油脂、花生油
53	京东 JINGDONG 及图	京东橡胶有限公司	第 17 类：再生胶
54	怡宝及图	华润怡宝食品饮料（深圳）有限公司	第 32 类：水（饮料）
55	第 1267058 号图形	黄石东贝机电集团有限责任公司	第 7 类：制冷压缩机

（续表 cont'd）

序号 No.	商标名称 Trademark	注册人/所有人 Registrant/Owner	类别及使用商品/服务 Class and Goods/Service
56	第1465078号图形	广东华兴玻璃有限公司	第21类：日用玻璃器皿、小玻璃瓶（容器）
57	欧派	广州欧派橱柜企业有限公司	第20类：餐具柜
58	美涂士	广东美涂士化工有限公司	第2类：涂料、油漆
59	钻之韵	深圳市钻之韵珠宝首饰有限公司	第14类：珠宝首饰
60	寿比山	天津力生制药股份有限公司	第5类：新药成药
61	得力 DELI 及图	得力集团有限公司	第16类：文具
62	三洋	三洋电机株式会社（日本）	第11类：电冰箱、空气调节器、微波炉
63	万安	浙江万安科技股份有限公司	第12类：汽车制动器
64	富达 Fuda	宁波富达股份有限公司	第9类：吸尘器、吸尘机
65	柏慧燕都及图	辽宁柏慧燕都食品有限公司	第29类：猪肉食品
66	王老吉	广州医药集团有限公司	第32类：无酒精饮料
67	雁来红及图	山东省滨州裕华（集团）实业总公司	第31类：冬枣
68	东昌 DONGCHANG	上海东昌企业集团有限公司	第35类：推销（替他人）
69	长寿 CHANGSHOU 及图	重庆长寿化工有限责任公司	第17类：氯丁橡胶
70	兴盛	厦门兴盛食品有限公司	第30类：挂面、面条
71	第3785517号图形	天水风动机械有限责任公司	第7类：凿岩机械气动工具
72	青专	重汽集团专用汽车公司	第12类：混凝土搅拌车、清洁车
73	尚德电力	无锡尚德太阳能电力有限公司	第9类：太阳能电池
74	石岛及图	山东华鹏玻璃股份有限公司	第21类：日用玻璃器皿
75	PEAK 及图	福建泉州匹克体育用品有限公司	第25类：运动鞋
76	科伦	四川科伦药业股份有限公司	第5类：大容量注射剂
77	郫县豆瓣	成都市郫县食品工业协会	第30类：豆瓣
78	盛辉	福建省盛辉物流集团有限公司	第39类：汽车运输
79	ZYS	洛阳轴研科技股份有限公司	第7类：轴承
80	第1560573号图形	紫金矿业集团股份有限公司	第14类：金锭
81	第910589号图形	临沂市华太电池实业公司	第9类：电池
82	萃华	沈阳萃华金银珠宝制品实业有限公司	第14类：黄金饰品
83	圣豪 SUNHAO 及图	山东圣豪家纺有限公司	第24类：毛毯

（续表 cont'd）

序号 No.	商标名称 Trademark	注册人/所有人 Registrant/Owner	类别及使用商品/服务 Class and Goods/Service
84	徐福记及图	东莞徐记食品有限公司	第 30 类：糕点、糖果
85	周君记	重庆三九火锅底料厂	第 30 类：火锅调料
86	耿瓷及图	山东耿瓷集团有限公司	第 19 类：瓷质墙地砖
87	JS	石家庄光晋阀门有限公司	第 6 类：金属阀门
88	联泰 LIANTAI	广东省联泰集团有限公司	第 37 类：建筑、铺路
89	S 及图	湖北洪城通用机械股份有限公司	第 7 类：阀门
90	情满旅途	青岛交运集团公司	第 39 类：客运、货运
91	白云鄂博 RE 及图	内蒙古包钢稀土高科技股份有限公司	第 1 类：稀土族、金属土
92	金大地及图	山东金正大生态工程股份有限公司	第 1 类：复混肥
93	华东	青岛华东葡萄酿酒有限公司	第 33 类：葡萄酒
94	KELONG	厦门科华恒盛股份有限公司	第 9 类：不间断电源设备
95	天地伟业 TIANDYTECH	天津天地伟业数码科技有限公司	第 9 类：计算机外围设备、监视器（计算机硬件）
96	安妮	厦门安妮股份有限公司	第 16 类：复印纸
97	红三晶 HONG SAN JING 及图	天津大沽化工股份有限公司	第 1 类：烧碱、聚氯乙烯树脂
98	宣工及图	河北宣工机械发展有限责任公司	第 7 类：推土机
99	金诃及图	青海金诃藏药药业股份有限公司	第 5 类：藏药成药
100	千色花 FORTRESS 及图	广东千色花化工有限公司	第 2 类：涂料、油漆
101	曼都珊	河北曼都珊珠宝首饰有限公司	第 14 类：珠宝首饰
102	健将	中山市小榄镇金龙制衣厂	第 25 类：内裤
103	LEAR	邯郸力尔型材有限公司	第 19 类：非金属建筑材料
104	德众	佛山德众药业有限公司	第 5 类：中药成药
105	CNHTC 及图	中国重型汽车集团有限公司	第 12 类：汽车
106	第 1010069 号图形	福建省佳美集团公司	第 21 类：瓷陶工艺品
107	永进 Yongjin	永进电缆集团有限公司	第 9 类：电线、电缆
108	白兔湖及图	安徽华祥实业有限公司	第 7 类：内燃机配件
109	西玛	西安西玛电机（集团）股份有限公司	第 7 类：电机
110	金光及图	安徽金光机械集团股份有限公司	第 7 类：凸轮轴
111	双赢及图	福建双赢集团有限公司	第 1 类：磷肥（肥料）、化学肥料、混合肥料

（续表 cont'd）

序号 No.	商标名称 Trademark	注册人/所有人 Registrant/Owner	类别及使用商品/服务 Class and Goods/Service
112	丹玉	辽宁丹玉种业科技股份有限公司	第31类：种子
113	茂祥	通化茂祥制药有限公司	第5类：中成药
114	施慧达	吉林省天风制药有限责任公司	第5类：降压药
115	新大陆 Newland 及图	福建新大陆科技集团有限公司	第9类：计算机外围设备
116	吉恩	吉林吉恩镍业股份有限公司	第1类：硫酸镍
117	陕汽及图形	陕西重型汽车有限公司	第12类：汽车
118	第673644号图形	吉林华微电子股份有限公司	第9类：晶体管
119	新天 suntime	新天国际葡萄酒业有限公司	第33类：葡萄酒
120	第298037号图形	广东生益科技股份有限公司	第9类：敷铜板
121	天业及图	新疆天业（集团）有限公司	第11类：自动浇水装置
122	TORIN 及图	江苏通润机电集团有限公司	第7类：千斤顶
123	连城红心地瓜干	连城红心地瓜干协会	第29类：地瓜干
124	XCC	浙江五洲新春集团有限公司	第7类：轴承
125	三房巷 SANFANGXIANG 及图	江苏三房巷集团有限公司	第22类：纤维纺织原料
126	地神 DISHEN 及图	河南黄泛区地神种业有限公司	第31类：植物种籽
127	金丹及图	河南金丹乳酸有限公司	第1类：乳酸
128	CTG 及图	泰山玻璃纤维有限公司	第21类：非纺织用玻璃纤维线、非绝缘非纺织用玻璃纤维
129	安利 ANLI 及图	安徽安利合成革股份有限公司	第18类：革
130	东岳 DONGYUE 及图	山东东岳橡胶制品有限公司	第12类：自行车内外胎、力车内外胎
131	第289173号图形	金杯汽车股份有限公司	第12类：汽车
132	双叶	七台河市双叶家具有限责任公司	第20类：家具
133	HanDe 及图	陕西汉德车桥有限公司	第12类：汽车车桥
134	T	山东鲁南机床有限公司	第7类：车床、钻铣加工机器
135	洲克	泉州克拉克体育用品有限公司	第25类：紧身衣裤
136	华晋 HUAJIN 及图	山西华晋纺织印染有限公司	第24类：印花棉布（灯芯绒）
137	双燕及图	天津药业集团有限公司	第5类：西药、中药成药
138	爱普及图	上海爱普香料有限公司	第3类：香料、香精油
139	TAIFENG 及图	泰丰纺织集团有限公司	第24类：布、床上用品

（续表 cont'd）

序号 No.	商标名称 Trademark	注册人/所有人 Registrant/Owner	类别及使用商品/服务 Class and Goods/Service
140	金地 GOLDFIELD	金地（集团）股份有限公司	第 36 类：不动产管理、商品房销售
141	第 1556716 号图形	枣庄华润纸业有限公司	第 19 类：石膏板护面纸
142	晨光 CHEN GUANG 及图	中昊晨光化工研究院	第 17 类：橡胶
143	琴岛及图	青岛市琴岛电器有限公司	第 11 类：电热毯、电热垫
144	TIANLI 天力	天津国际联合轮胎橡胶有限公司	第 12 类：轮胎
145	瑞贝卡 Rebecca	河南瑞贝卡发制品股份有限公司	第 26 类：假发
146	鲁丽及图	鲁丽集团有限公司	第 19 类：胶合板
147	上峰及图	浙江上峰水泥集团有限公司	第 19 类：水泥
148	昆电工及图	昆明电缆股份有限公司	第 9 类：电缆、电线
149	HEC	乳源瑶族自治县东阳光化成箔有限公司	第 6 类：铝箔
150	金鸡及图	广西灵峰药业有限公司	第 5 类：中药
151	中强 ZHONGQIANG 及图	株洲兴隆化工实业有限公司	第 1 类：白炭黑
152	金杯 GOLD CUP 及图	湖南金杯电缆有限公司	第 9 类：电线、电缆
153	龙舟及图	湖南中天龙舟农机有限公司	第 7 类：收割机
154	远征及图	河北远征药业有限公司	第 5 类：兽药
155	三立及图	湖南三立集团股份有限公司	第 6 类：电解金属锌锭、金属镉
156	金凤及图	湖南华菱线缆股份有限公司	第 9 类：电线、电缆
157	君山 JUN SHAN 及图	湖南省君山银针茶业有限公司	第 30 类：茶叶
158	小站稻 xiaozhandao 及图	天津市津南区农业技术推广服务中心	第 30 类：稻米、米
159	中意及图	津市市中意糖果有限公司	第 30 类：糖果
160	小龙王 xiao long wang 及图	小龙王食品有限公司	第 29 类：加工过的槟榔
161	第 1913046 号图形	株洲南方阀门股份有限公司	第 7 类：液压阀、压力阀
162	第 1123485 号图形	长沙金龙铸造实业有限公司	第 6 类：污水井盖
163	兴盛	江苏兴盛刷业有限公司	第 21 类：牙刷
164	环日及图	山东环日集团有限公司	第 6 类：液化气钢瓶
165	强人 QIANGREN 及图	际华三五一五皮革皮鞋有限公司	第 25 类：皮鞋
166	奔马及图	河南奔马股份有限公司	第 12 类：摩托三轮车
167	新华及图	山东新华医疗器械股份有限公司	第 10 类：消毒器械
168	得尔乐	江西春源绿色食品有限公司	第 29 类：食用油

（续表 cont'd）

序号 No.	商标名称 Trademark	注册人/所有人 Registrant/Owner	类别及使用商品/服务 Class and Goods/Service
169	威特 VEECTORY	江苏威特集团有限公司	第12类：陆地车辆用离合器
170	金康达及图	淮安市康达饲料有限公司	第31类：饲料
171	鼎湖及图	安徽省宁国中鼎股份有限公司	第17类：橡胶密封件
172	东宏实业 DONGHONGSHIYE及图	曲阜市东宏实业有限公司	第19类：非金属管道、非金属建筑材料
173	山焦及图	山西焦化集团有限公司	第4类：焦炭
174	新日 XIN RI及图	江苏新日电动车股份有限公司	第12类：电动自行车
175	金斗山及图	山东光明起重机械集团有限公司	第7类：起重机
176	海达 HD及图	江阴海达彩涂有限公司	第6类：金属板条、金属片、金属板
177	天喔	上海天喔食品（集团）有限公司	第29类：蜜饯、加工过的坚果
178	航嘉 Huntkey	深圳市驰源实业有限公司	第9类：稳压电源
179	采花及图	湖北采花茶业有限公司	第30类：茶叶
180	GOLDEN FIELD及图	东莞市金河田实业有限公司	第9类：计算机机箱、电脑开关电源
181	QQ	腾讯科技（深圳）有限公司	第38类：信息传递、计算机终端通讯、提供与全球计算机网络的电讯联接服务
182	福田	北汽福田汽车股份有限公司	第12类：汽车
183	雄塑及图	广东雄塑科技实业有限公司	第17类：塑料管
184	星湖及图	广东肇庆星湖生物科技股份有限公司	第1类：呈味核苷酸二钠、肌苷酸二钠
185	富友及图	辽宁东亚种业有限公司	第31类：玉米种子
186	Kinwai	江门健威家具装饰有限公司	第20类：家具
187	拜富 BAIFU及图	江苏拜富色釉料有限公司	第2类：陶瓷釉
188	华成 HCH及图	淄博水环真空泵厂有限公司	第7类：真空泵
189	东圣 DonGSHEnG及图	湖北东圣化工集团有限公司	第1类：磷酸一铵
190	二一三及图	天水二一三电器有限公司	第9类：继电器、接触器
191	索佳 SUOJIA	深圳市爱索佳实业有限公司	第9类：影碟机、扩音机
192	五粮醇	四川省宜宾五粮液集团有限公司	第33类：白酒
193	赛博及图	河北金赛博板业有限公司	第19类：贴面板、木屑板
194	康弘 KANGHONG及图	成都康弘药业集团股份有限公司	第5类：中药成药、生化药品、医药制剂
195	足友	福建省足友体育用品有限公司	第25类：童鞋
196	盛虹 SHENGHONG及图	盛虹集团有限公司	第24类：布、织物
197	双环及图	仪征双环活塞环有限公司	第7类：活塞环
198	HUAPENG及图	华鹏集团公司	第6类：桥架、空中架线用母线槽
199	第1328664号图形	大连第一互感器有限责任公司	第9类：互感器

（续表 cont'd）

序号 No.	商标名称 Trademark	注册人/所有人 Registrant/Owner	类别及使用商品/服务 Class and Goods/Service
200	淳	杭州千岛湖发展有限公司	第 31 类：活鱼
201	AFDG 及图	安徽丰大股份有限公司	第 30 类：面条、面粉制品
202	大莊	杭州大庄地板有限公司	第 19 类：地板、半成品木材
203	FH	广东风华高新科技股份有限公司	第 9 类：电容器、电阻器
204	第 3004307 号图形	山西鸿基科技股份有限公司	第 7 类：纺织机、精纺机
205	绿色芳山 LSFS 及图	辽宁绿色芳山有机食品有限公司	第 29 类：加工过的花生、熟制豆
206	Winner	稳健实业（深圳）有限公司	第 5 类：医用敷料、消毒棉
207	鸢都 KITING METROPOLIS 及图	山东海化股份有限公司	第 1 类：纯碱、氯化钙
208	银杏 GINGKO 及图	成都银杏金阁餐饮股份有限公司	第 42 类：餐馆
209	菜百 BAI 及图	北京菜市口百货股份有限公司	第 14 类：贵重金属首饰、珠宝首饰
210	骆驼 LUO TUO 及图	唐人神集团股份有限公司	第 31 类：饲料
211	冠丰 GUANFENG 及图	山东冠丰种业科技有限公司	第 31 类：种子
212	云锡 YT	云南锡业股份有限公司	第 6 类：锡
213	贵研 SPM 及图	贵研铂业股份有限公司	第 14 类：未加工或半加工贵重金属、贵重金属合金、铂
214	雅丽泰 LUTILE 及图	江西泓泰企业集团有限公司	第 6 类：铝塑复合板
215	东湖 DONGHUBRAND 及图	山西老陈醋集团有限公司	第 30 类：醋
216	银力及图	新疆西部银力棉业（集团）有限责任公司	第 22 类：皮棉
217	洁神 JIESHEN 及图	青海洁神装备制造集团有限公司	第 12 类：垃圾车
218	兆君 zhaojun 及图	呼和浩特兆兴羊绒制品有限公司	第 25 类：羊绒衫
219	拜耳 BAYER	拜耳股份有限公司（德国）	第 5 类：医用药物、医用营养物品、消灭害虫制剂、杀菌剂、除莠剂、杀虫剂
220	宇航人及图	内蒙古宇航人高技术产业有限责任公司	第 5 类：医用营养品
221	光辉 GUANGHUI 及图	亚邦化工集团有限公司	第 2 类：油漆、耐酸漆
222	龙星 LX 及图	龙星化工股份有限公司	第 1 类：炭黑
223	CASDELAY 卡思·迪莱	江苏卡思迪莱服饰有限公司	第 25 类：制服、帽
224	大寨 DAZHAI 及图	昔阳县大寨经济开发总公司	第 32 类：核桃露
225	ITG 及图	厦门国贸集团股份有限公司	第 35 类：进出口代理
226	固城湖 GUCHENGHU 及图	高淳县集体资产经营有限公司、南京固城湖水产实业有限公司（共有商标）	第 31 类：螃蟹

（续表 cont'd）

序号 No.	商标名称 Trademark	注册人/所有人 Registrant/Owner	类别及使用商品/服务 Class and Goods/Service
227	TSD 及图	天水锻压机床有限公司	第10类：折弯机、剪板机
228	第1273835号图形	常熟开关制造有限公司	第9类：断路器
229	味之家	安徽新锦丰企业投资集团有限公司	第30类：方便面、饼干
230	心实及图	江苏心实肥业集团有限公司	第1类：肥料
231	九阳	九阳股份有限公司	第7类：豆浆机、家用电动榨水果机
232	盱眙龙虾 XUYILONGXIA 及图	江苏省盱眙龙虾协会	第31类：龙虾（活）
233	金科 JIN KE 及图	重庆市金科实业（集团）有限公司	第36类：不动产管理、商品房销售
234	HYT	深圳市好易通科技有限公司	第9类：通讯导航设备
235	光 GDYG 及图	广东远光电缆实业有限公司	第9类：电线、电缆
236	兰亚	兰西县兰亚亚麻制品有限公司	第20类：汽车坐垫、垫枕
237	春合 CHUN HE 及图	天津市春合体育用品厂	第28类：健身器材、体育活动器械
238	七宝及图	江苏七宝光电集团有限公司	第9类：电线、电缆
239	RENLE	上海雷诺尔电气有限公司	第9类：起动器
240	罗欣及图	山东罗欣药业股份有限公司	第5类：医用制剂
241	武夷 WU YI 及图	福建省建阳武夷味精有限公司	第30类：味精、鸡精
242	欧宝 OUBAO 及图	山东欧宝板业有限公司	第19类：地板（木制）
243	工大及图	石家庄工大化工设备有限公司	第11类：干燥设备、干燥器
244	国宝 Gb	湖北国宝桥米有限公司	第30类：大米
245	赛克 SYKEE 及图	天津科林自行车有限公司	第12类：自行车
246	天工 TIANGONG 及图	天津渤天化工有限责任公司	第1类：烧碱、聚氯乙烯、环氧氯丙烷
247	力神 LiShen 及图	天津力神电池股份有限公司	第9类：锂离子蓄电池
248	3502 及图	际华三五零二职业装有限公司	第25类：服装
249	Edifier 漫步者	北京爱德发科技有限公司	第9类：扬声器音箱
250	美驰	北京美驰建筑材料有限责任公司	第19类：非金属门、非金属窗
251	CRSBG 及图	中铁山桥集团有限公司	第6类：金属建筑结构、铁路道岔
252	QTX	青铜峡铝业股份有限公司	第6类：铝锭、稀土铝合金锭
253	中宁枸杞 THE LYCIUM CHINENSE OF ZHONGNING	中宁县枸杞生产管理站	第5类：枸杞

（续表 cont'd）

序号 No.	商标名称 Trademark	注册人/所有人 Registrant/Owner	类别及使用商品/服务 Class and Goods/Service
254	嘉士利	开平市嘉士利食品有限公司	第 30 类：饼干、糕点
255	章丘大葱及图	章丘市大葱产业协会	第 31 类：大葱
256	集发及图	秦皇岛市北戴河集发农业综合开发股份有限公司	第 31 类：新鲜蔬菜、鲜水果
257	SDLG 及图	山东临工工程机械有限公司	第 7 类：挖掘机、装卸设备
258	大自然	大自然投资控股有限公司（中国澳门）	第 19 类：地板
259	中澳 ZHONG AO 及图	山东中澳农工商集团有限公司	第 29 类：肉
260	福挖及图	抚顺挖掘机制造有限责任公司	第 7 类：起重机、挖掘机
261	大化 DAHUA DH 及图	大化集团有限责任公司	第 1 类：纯碱、碳酸氢铵
262	第 4037605 号图形	唐山大通金属制品有限公司	第 11 类：暖气装置、暖气片、中心暖气散热器
263	石门 SHIMEN	石家庄四药有限公司	第 5 类：大容量注射剂
264	华润漆 Huarun 及图	广东华润涂料有限公司	第 2 类：涂料、油漆
265	中容及图	句容市电磁线公司	第 9 类：绝缘铜线、磁线、漆包线
266	上工及图	上海工具厂有限公司	第 7 类：金属切削工具
267	胖太太 p. t. t	河北胖太太服饰有限公司	第 25 类：服装
268	亚	上海亚明灯泡厂有限公司	第 11 类：灯具
269	第 1649600 号图形	上海南亚覆铜箔板有限公司	第 6 类：覆铜箔板
270	ZTE 中兴	中兴通讯股份有限公司	第 9 类：程控电话交换设备、成套无线电话
271	晶牛 CRYSTALBULL 及图	晶牛微晶集团股份有限公司	第 19 类：建筑玻璃、非金属材料（微晶材料）
272	云维及图	云南云维股份有限公司	第 1 类：聚乙烯醇、醋酸乙烯
273	富岛及图	中海石油化学股份有限公司	第 1 类：肥料
274	宣威火腿 Xuanwei ham 及图	宣威火腿行业协会办公室	第 29 类：火腿
275	海马	海马投资集团有限公司	第 12 类：汽车
276	KANGMEI 及图	广东康美药业股份有限公司	第 5 类：中药成药
277	洞庭山碧螺春及图	苏州市吴中区洞庭（山）碧螺春茶业协会	第 30 类：茶叶

表15　商标局2009年在商标异议案件中认定的22件驰名商标
The 22 Well-known Trademarks Recognized by CTMO in Trademark Opposition Cases in 2009

序号 No.	商标 Trademarks	注册人/所有人 Registrant/Owner	类别及使用商品/服务 Class and Goods/Service
1	霸狮腾	广州霸狮腾纺织品有限公司	第25类：衣服
2	乔丹	乔丹（中国）有限公司	第25类：足球鞋、爬山鞋等
3	欧意	石药集团欧意药业有限公司	第5类：医用制剂、医用化学制剂
4	松花江 SONGHUAJIANG	哈尔滨哈飞汽车工业集团有限公司	第12类：微型载货车、微型系列轿车、改装专用车
5	志高	广东志高空调有限公司	第11类：冷冻设备、空气调节装置
6	威猛先生、MR. MUSCLE	S. C. 庄臣父子公司	第3类：清洁制剂
7	高仪、GROHE及图	高仪股份公司	第11类：淋浴装置、水龙头、浴缸
8	柳工	广西柳工集团有限公司	第7类：装载机、挖掘机
9	CAV	广东汉洋丽声音响有限公司	第9类：组合音响
10	太太乐	雀巢产品有限公司	第30类：鸡精（调味品）
11	Google	谷歌爱尔兰控股有限公司	第42类：提供用于全球计算机网络中进行查询和获得数据的网址
12	好迪	广州市好迪化妆品有限公司	第3类：洗面奶、摩丝
13	太平鸟 peace bird 及图	太平鸟集团有限公司	第25类：服装
14	开尔 KAIER 及图	浙江开尔制衣有限公司	第25类：衬衫
15	博士倫	博士伦有限公司	第9类：隐形眼镜
16	MINOLTA、美能达	柯尼卡美能达控股株式会社	第9类：照像器械和仪器、复印机和器械
17	華鋼 HUAGANG 及图	华迪钢业集团有限公司	第6类：钢管
18	蜂之语	浙江蜂之语蜂业集团有限公司	第30类：非医用蜂王浆、食用蜂胶（蜂胶）
19	芝华士、CHIVAS、CHIVAS REGAL	芝华士兄弟（美洲）有限公司	第33类：含酒精饮料（啤酒除外）
20	玉兰 FRAGRANT ORCHID 及图	广东玉兰装饰材料有限公司	第27类：墙纸
21	资生堂、SHISEIDO	株式会社资生堂	第3类：化妆品
22	齐星 INGMADE IN QIXING 及图	湖北省齐星汽车车身股份有限公司	第12类：汽车车身

表 16 商标评审委员会 2009 年在商标异议复审、争议案件中认定并公布的 91 件驰名商标

The 91 Well-known Trademarks Recognized and Published by the Trademark Review and Adjudication Board (TRAB) in Trademark Opposition Review and Dispute Cases in 2009

序号 No.	商标名称 Trademark	注册人/所有人 Registrant/Owner	类别及使用商品/服务 Class Goods/Service
1	奔腾	英特尔公司	第 9 类：电脑硬件等
2	吉百利	吉百利有限公司	第 30 类：巧克力、糖果等
3	依视路	依视路国际有限公司（法国）	第 9 类：眼镜片等
4	JVC JVC	日本胜利株式会社	第 9 类：摄像机、电视机
5	中宇及图	中宇建材集团有限公司	第 11 类：水龙头等
6	忘不了及图	山东禹王制药有限公司	第 30 类：非医用营养胶丸
7	日产 NISSAN 及图	日产自动车株式会社	第 12 类：汽车
8	三门 SANMEN 及图	三变科技股份有限公司	第 9 类：变压器
9	华鸿 HUA HONG 及图	福建华泰集团有限公司	第 9 类：建筑砖瓦
10	苏派 SUPAI	江苏苏派服装集团有限公司	第 25 类：服装等商品
11	钱潮及图	杭州钱江电气集团股份有限公司	第 9 类：变压器
12	德莊 MORALS VILLAGE 及图	重庆德庄实业（集团）有限公司	第 43 类：餐厅等
13	洲艳 Zhou Yan 图形	江苏省常熟市洲艳服饰有限公司	第 25 类：服装等
14	川及图	湖北省赵李茶桥茶厂	第 30 类：砖茶、青砖茶
15	爱家及图	江苏同大股份有限公司	第 5 类：空气清新剂、杀害虫剂等
16	瑞嘉	中国出国人员服务总公司	第 19 类：铺地木材、地板等
17	夏普 SHARP	夏普株式会社	第 9 类：电视接收机 电视机
18	朝阳	广东朝阳卫浴有限公司	第 11 类：水管龙头等
19	三源 SANYUAN	佛山市盛发电器有限公司	第 11 类：电热开水瓶、电饭锅等
20	太湖及图	江苏太湖锅炉股份有限公司	第 11 类：锅炉（非机器零件）等
21	三元 SANYUAN 及图	北京三元食品股份有限公司	第 29 类：消毒牛奶、酸牛奶
22	柏高 PACO	粤海装饰材料（中山）有限公司	第 19 类：木地板、纤维板、胶合板等
23	安心	北京达瑞兴钉业有限公司	第 6 类：钢钉
24	太钢牌 TG 及图	太原钢铁（集团）有限公司	第 6 类：钢材

Ⅱ

（续表　cont'd）

序号 No.	商标名称 Trademark	注册人/所有人 Registrant/Owner	类别及使用商品/服务 Class Goods/Service
25	晨辉 CHENHUI 及图	浙江晨辉照明有限公司	第 11 类：日光灯管、照明灯等
26	巨龙及图	天津市雍阳减水剂厂	第 1 类：混凝土减水剂
27	西泠印社	西泠印社社务委员会	第 40 类：刻印服务
28	汉山及图	广东电白汉山锁业有限公司	第 6 类：弹子顶胆锁
29	亚星及图	江苏亚星锚链有限公司	第 12 类：锚链
30	亚星	潍坊亚星化学股份有限公司	第 1 类：氯化聚乙烯、聚氯乙烯树脂
31	纽崔莱	美国安利有限公司	第 5 类：医用饮料等
32	莫高 MOGAO	甘肃莫高实业发展股份有限公司	第 33 类：葡萄酒
33	道光	辽宁道光廿五集团满族酿酒有限责任公司	第 33 类：烧酒等
34	强力	北京强力家具有限公司	第 20 类：家具、弹簧床垫等
35	三环牌及图	湖南三环颜料有限公司	第 2 类：氧化铁粉
36	百得	中山市百得燃气用具有限公司	第 11 类：民用燃气灶具、燃气沸水器
37	港洋及图	江苏港洋实业股份有限公司	第 24 类：精纺呢绒
38	盛洲 SHENGZHOU 及图	厦门中盛粮油企业有限公司	第 29 类：食用油
39	棒棒娃 BANGBANGWA 及图	成都市棒棒娃实业有限公司	第 29 类：肉干、猪肉食品等
40	南翔及图	南翔集团有限公司	第 6 类：普通金属线
41	富通 FUTONG 及图 富通及图	富通集团有限公司	第 9 类：电缆等
42	Teloon 及图	浙江天龙集团有限公司	第 28 类：网球
43	苍松及图	辽宁好护士药业（集团）有限责任公司	第 5 类：中药
44	龙宝 longbao	本溪龙宝（集团）参茸有限公司	第 5 类：人参
45	國聖及图	福建省红太阳精品有限公司	第 29 类：酱菜、蔬菜罐头、牛奶制品
46	华伦及图	华伦集团有限公司	第 9 类：电缆、电源材料（电线、电缆）
47	五女山及图	辽宁省五女山绿色食品开发有限公司	第 33 类：人参酒、五女山窖酒等
48	大雪 DAXUE 及图	大连大雪啤酒股份有限公司	第 32 类：啤酒
49	铁鎯及图	铁鎯电动工具有限公司	第 7 类：电动圆锯等

（续表 cont'd）

序号 No.	商标名称 Trademark	注册人/所有人 Registrant/Owner	类别及使用商品/服务 Class Goods/Service
50	红叶 Hong Ye 及图	浙江红叶制伞有限公司	第 18 类：女用阳伞、遮阳伞等
51	乐家老铺	南京同仁堂药业有限责任公司	第 5 类：中成药品
52	Nikon 尼康	株式会社尼康	第 9 类：摄影机、录像器等
53	雪竹 XUEZHU 及图	无锡市雪竹针织有限公司	第 25 类：服装等商品
54	金牛角及图	武汉金牛经济发展有限公司	第 17 类：塑料管等
55	立邦	立邦涂料（中国）有限公司	第 2 类：油漆等
56	三沟及图	辽宁三沟酒业有限责任公司	第 33 类：白酒
57	神舟 shenzhou	中国空间技术研究院	第 12 类：航空运输机等
58	光阳及图	福清市阳光食品有限公司	第 29 类：皮蛋、蛋品
59	新兴 XINXING 及图	新兴铸管股份有限公司	第 6 类：金属铁管、铸铁管管件
60	威胜及图	长沙威胜电子有限公司	第 9 类：电度表等
61	天府 TF 及图	四川轮胎橡胶（集团）股份有限公司	第 12 类：轮胎
62	图形	南京栖霞建设股份有限公司	第 36 类：不动产出租；不动产管理
63	豪进 HAOJIN	增城市海利摩托车有限公司	第 12 类：摩托车
64	徐家木业	江苏徐家木业有限公司	第 19 类：地板
65	洮儿河牌及图	吉林省洮儿河酒业有限公司	第 33 类：酒
66	CASIO 卡西欧 卡西欧 CASIO 卡西欧 CASIO	日商・樫尾计算机株式会社	第 9 类：计算器 第 14 类：手表 第 15 类：电子音乐仪器等
67	林及图	东莞市远梦家用纺织品有限公司	第 24 类：毛巾被等
68	鼎丰真	长春市鼎丰真食品有限责任公司	第 30 类：糕点
69	汤沟及图	江苏汤沟两相和酒业有限公司	第 33 类：酒
70	圣农 SUNNER 及图	福建圣农发展股份有限公司	第 29 类：肉冻等
71	金浩 JINHAO 及图	湖南金浩茶油股份有限公司	第 29 类：食用油
72	六味斋	太原六味斋实业有限公司	第 29 类：酱肉、火腿等
73	虎头牌 TIGER HEAD 及图	广州市电筒工业公司	第 11 类：电筒

（续表 cont'd）

序号 No.	商标名称 Trademark	注册人/所有人 Registrant/Owner	类别及使用商品/服务 Class Goods/Service
74	栗源及图	遵化栗源食品有限公司	第29类：精制坚果仁、糖炒栗子
75	海堤 SEA DYKE 及图	厦门茶叶进出口有限公司	第30类：茶
76	鸿星尔克 erke 及图	福建鸿星尔克体育用品有限公司	第25类：服装、鞋等
77	DEC及图 DEC及图 东方	中国东方电气集团有限公司	第7类：电站设备、汽轮机塔等
78	海正 HISUN 图形	浙江海正药业股份有限公司	第5类：医用药物等
79	曼佳美	利胜电光源（厦门）有限公司	第11类：照明器、灯泡
80	成工 CG 及图	四川成都成工工程机械股份有限公司	第7类：装载机
81	银麦	山东新银麦啤酒有限公司	第32类：啤酒等
82	YANAN	福建福安闽东亚南电机有限公司	第7类：发电机、电动机
83	天府牌 TIANFUPAI及图	川化股份有限公司	第1类：尿素
84	百联	福建百联实业有限公司	第29类：加工过的瓜子
85	金路及图	四川金路集团股份有限公司	第1类：聚氯乙烯树脂等
86	光芒及图	江苏光芒集团有限公司	第11类：热水器、煤气灶、
87	宏達	厦门宏达洋伞工业有限公司	第18类：伞环、雨伞或阳伞骨等
88	枫树 FENGSHU 及图	湖北枫树线业有限公司	第23类：棉线、纺织线、丝线等
89	便宜坊	北京便宜坊烤鸭集团有限公司	第43类：餐馆
90	大吉 Daji 及图	福建大吉刀剪五金有限公司	第8类：剪刀、修剪剪刀等
91	豪享来	厦门豪享来餐饮娱乐有限公司	第42类：餐馆、自助餐馆等

（本统计数据由国家工商行政管理总局商标局提供）

III

版 权

表 1　2009 年全国版权合同登记情况统计数　（单位：份）

Statistics of Copyright Contract Registration Nationwide in 2009

（unit：piece）

	合计 Total	图书 Books	期刊 Periodical	音像制品 Audio-visual Product	电子出版物 Electronic Publication	软件 Software	电影 Film	电视节目 Television Program	其他 Others
合计 Total	14 223	12 449	292	257	473	393	0	0	359
北京 Beijing	8273	7709	284	0	56	224	0	0	0
天津 Tianjin	260	208	0	0	3	30	0	0	19
河北 Hebei	29	27	2	0	0	0	0	0	0
山西 Shanxi	18	17	0	0	0	1	0	0	0
内蒙古 Inner Mongolia	39	39	0	0	0	0	0	0	0
辽宁 Liaoning	368	360	0	0	4	4	0	0	0
吉林 Jilin	292	292	0	0	0	0	0	0	0
黑龙江 Heilongjiang	112	112	0	0	0	0	0	0	0
上海 Shanghai	1173	750	0	240	173	10	0	0	0
江苏 Jiangsu	600	509	0	0	6	85	0	0	0
浙江 Zhejiang	746	147	0	0	224	35	0	0	340
安徽 Anhui	113	110	0	0	0	3	0	0	0
福建 Fujian	51	28	0	16	7	0	0	0	0
江西 Jiangxi	302	302	0	0	0	0	0	0	0
山东 Shandong	195	195	0	0	0	0	0	0	0

（续表 cont'd）

	合计 Total	图书 Books	期刊 Periodical	音像制品 Audio－visual Product	电子出版物 Electronic Publication	软件 Software	电影 Film	电视节目 Television Program	其他 Others
河南 Henan	116	116	0	0	0	0	0	0	0
湖北 Hubei	135	135	0	0	0	0	0	0	0
湖南 Hunan	171	167	4	0	0	0	0	0	0
广东 Guangdong	61	61	0	0	0	0	0	0	0
广西 Guangxi	278	278	0	0	0	0	0	0	0
海南 Hainan	261	261	0	0	0	0	0	0	0
重庆 Chongqing	150	148	1	1	0	0	0	0	0
四川 Sichuan	177	175	1	0	0	1	0	0	0
贵州 Guizhou	0	0	0	0	0	0	0	0	0
云南 Yunnan	54	54	0	0	0	0	0	0	0
西藏 Tibet	0	0	0	0	0	0	0	0	0
陕西 Shaanxi	155	155	0	0	0	0	0	0	0
甘肃 Gansu	10	10	0	0	0	0	0	0	0
青海 Qinghai	0	0	0	0	0	0	0	0	0
宁夏 Ningxia	12	12	0	0	0	0	0	0	0
新疆 Xinjiang	72	72	0	0	0	0	0	0	0

表 2　2009 年全国作品自愿登记情况统计表　（单位：件）

Statistics of Voluntary Registration of Works Nationwide in 2009

（unit：piece）

	合计 Total	文字 Written	口述 Oral	音乐 Musical	曲艺 Quyi	舞蹈 Choreo-graphic	杂技 Acro-batics	美术 Fine Art	摄影 Photog-raphic	建筑 Archite-ctural	影视 Cine-mato-graphic	设计图 Design	地图 Map	模型 Model	其他 Others
合计 Total	336 086	3509	4	1360	94	47	4	30 501	299 218	23	291	359	54	40	582
北京 Beijing	303 525	265	0	74	7	0	0	4215	298 955	0	1	8	0	0	0
天津 Tianjin	0	0	0	0	0	0	0	0	0	0	0	0	0	0	0
河北 Hebei	362	55	0	70	0	1	2	231	0	0	2	1	0	0	0
山西 Shanxi	139	39	0	34	0	0	0	59	0	0	1	2	0	0	4
内蒙古 Inner Mongolia	217	44	0	82	0	12	0	0	32	0	0	0	0	31	16
辽宁 Liaoning	1062	274	0	117	51	26	0	530	4	0	58	0	0	0	2
吉林 Jilin	123	54	0	59	0	0	1	5	0	0	0	0	0	0	4
黑龙江 Heilongjiang	242	99	0	90	0	0	0	28	2	0	4	8	4	0	7
上海 Shanghai	2217	330	0	24	0	0	0	1632	106	0	16	21	0	0	88
江苏 Jiangsu	6077	177	3	78	26	0	0	5580	59	23	35	86	1	1	8
浙江 Zhejiang	6815	64	0	35	0	0	0	6481	12	0	8	67	0	0	148
安徽 Anhui	167	36	0	6	0	0	0	87	0	0	20	0	0	0	18
福建 Fujian	6829	84	0	69	0	0	0	6623	12	0	34	6	0	0	1
江西 Jiangxi	300	76	0	20	4	0	0	200	0	0	0	0	0	0	0

（续表 cont'd）

	合计 Total	文字 Written	口述 Oral	音乐 Musical	曲艺 Quyi	舞蹈 Choreo-graphic	杂技 Acro-batics	美术 Fine Art	摄影 Photog-raphic	建筑 Archite-ctural	影视 Cine-mato-graphic	设计图 Design	地图 Map	模型 Model	其他 Others
山东 Shandong	1501	176	0	14	0	0	0	1294	0	0	7	10	0	0	0
河南 Henan	227	70	0	28	4	0	1	110	0	0	0	2	0	0	12
湖北 Hubei	251	86	1	4	0	0	0	140	0	0	5	10	0	1	4
湖南 Hunan	392	147	0	38	0	0	0	198	0	0	2	5	0	0	2
广东 Guangdong	3172	778	0	78	1	1	0	1946	10	0	83	71	13	0	191
广西 Guangxi	137	41	0	48	0	0	0	44	2	0	1	1	0	0	0
海南 Hainan	143	33	0	20	0	0	0	79	0	0	0	4	0	0	7
重庆 Chongqing	387	69	0	12	0	0	0	209	0	0	6	0	36	7	48
四川 Sichuan	905	319	0	41	0	0	0	511	15	0	5	12	0	0	2
贵州 Guizhou	42	13	0	4	0	0	0	7	0	0	1	16	0	0	1
云南 Yunnan	240	53	0	108	0	2	0	71	4	0	0	0	0	0	2
西藏 Tibet	5	5	0	0	0	0	0	0	0	0	0	0	0	0	0
陕西 Shaanxi	147	54	0	9	0	0	0	74	0	0	1	8	0	0	1
甘肃 Gansu	68	23	0	21	0	0	0	18	0	0	1	2	0	0	3
青海 Qinghai	12	1	0	3	0	1	0	1	0	0	0	0	0	0	6
宁夏 Ningxia	47	21	0	5	0	2	0	16	1	0	0	2	0	0	0
新疆 Xinjiang	335	23	0	169	1	2	0	112	4	0	0	17	0	0	7

表 3　2009 年全国版权引进情况统计汇总表　（单位：种）

Summary of Imported Copyrightable Publications Nationwide in 2009

（unit：type）

	合计 Total	图书 Book	录音制品 Sound Recording	录像制品 Video Recording	电子出版物 Electronic Publication	软件 Software	电影 Film	电视节目 Television Program	其他 Others
合计 Total	13 793	12 914	262	124	86	249	2	155	1
北京 Beijing	7989	7709	0	0	56	224	0	0	0
天津 Tianjin	143	143	0	0	0	0	0	0	0
河北 Hebei	36	36	0	0	0	0	0	0	0
山西 Shanxi	13	13	0	0	0	0	0	0	0
内蒙古 Inner Mongolia	26	26	0	0	0	0	0	0	0
辽宁 Liaoning	354	346	0	0	4	4	0	0	0
吉林 Jilin	292	292	0	0	0	0	0	0	0
黑龙江 Heilongjiang	30	30	0	0	0	0	0	0	0
上海 Shanghai	1634	1304	139	4	20	10	2	155	0
江苏 Jiangsu	799	783	0	0	6	10	0	0	0
浙江 Zhejiang	297	287	8	2	0	0	0	0	0
安徽 Anhui	110	110	0	0	0	0	0	0	0
福建 Fujian	23	23	0	0	0	0	0	0	0
江西 Jiangxi	100	100	0	0	0	0	0	0	0

（续表　cont'd）

	合计 Total	图书 Book	录音制品 Sound Recording	录像制品 Video Recording	电子出版物 Electronic Publication	软件 Software	电影 Film	电视节目 Television Program	其他 Others
山东 Shandong	195	195	0	0	0	0	0	0	0
河南 Henan	142	142	0	0	0	0	0	0	0
湖北 Hubei	66	66	0	0	0	0	0	0	0
湖南 Hunan	171	171	0	0	0	0	0	0	0
广东 Guangdong	312	79	115	118	0	0	0	0	0
广西 Guangxi	278	278	0	0	0	0	0	0	0
海南 Hainan	258	258	0	0	0	0	0	0	0
重庆 Chongqing	153	153	0	0	0	0	0	0	0
四川 Sichuan	77	75	0	0	0	1	0	0	1
贵州 Guizhou	23	23	0	0	0	0	0	0	0
云南 Yunnan	26	26	0	0	0	0	0	0	0
西藏 Tibet	0	0	0	0	0	0	0	0	0
陕西 Shaanxi	155	155	0	0	0	0	0	0	0
甘肃 Gansu	8	8	0	0	0	0	0	0	0
青海 Qinghai	0	0	0	0	0	0	0	0	0
宁夏 Ningxia	12	12	0	0	0	0	0	0	0
新疆 Xinjiang	71	71	0	0	0	0	0	0	0

表4　2009年全国图书版权引进地情况统计表　　（单位：种）

Statistics of Origins Imported of Copyrightable Books Nationwide in 2009

（unit：type）

	合计 Total	美国 U.S.A.	英国 U.K.	德国 Germany	法国 France	俄罗斯 Russia	加拿大 Canada	新加坡 Singapore	日本 Japan	韩国 Korea	中国香港 Hong Kong, China	中国澳门 Macao, China	中国台湾 Taiwan of China	其他地区 Others
合计 Total	12 914	4533	1847	693	414	58	73	342	1261	799	398	0	1444	1052
北京 Beijing	7709	3148	1065	434	165	45	37	282	513	482	227	0	687	624
天津 Tianjin	143	61	18	12	7	0	0	1	13	1	2	0	15	13
河北 Hebei	36	1	0	0	0	0	0	0	13	10	1	0	10	1
山西 Shanxi	13	5	4	1	1	0	0	0	1	0	0	0	1	0
内蒙古 Inner Mongolia	26	9	7	0	10	0	0	0	0	0	0	0	0	0
辽宁 Liaoning	346	101	21	16	1	0	0	10	95	35	9	0	44	14
吉林 Jilin	292	66	27	3	4	0	0	0	86	55	0	0	43	8
黑龙江 Heilongjiang	30	0	0	0	0	0	0	1	6	0	0	0	23	0
上海 Shanghai	1304	462	260	111	67	0	5	4	150	46	96	0	50	53
江苏 Jiangsu	783	168	116	13	48	7	10	40	32	9	7	0	278	55
浙江 Zhejiang	287	71	47	3	10	0	0	2	37	32	8	0	7	70
安徽 Anhui	110	35	19	3	6	0	1	1	4	16	2	0	20	3
福建 Fujian	23	0	4	0	0	0	0	0	0	0	0	0	18	1
江西 Jiangxi	100	19	4	2	7	0	1	0	19	19	5	0	8	16

（续表 cont'd）

	合计 Total	美国 U. S. A.	英国 U. K.	德国 Germany	法国 France	俄罗斯 Russia	加拿大 Canada	新加坡 Singapore	日本 Japan	韩国 Korea	中国香港 Hong Kong, China	中国澳门 Macao, China	中国台湾 Taiwan of China	其他地区 Others
山东 Shandong	195	21	31	13	3	0	1	1	54	4	1	0	53	13
河南 Henan	142	8	15	8	12	0	0	0	60	0	0	0	34	5
湖北 Hubei	66	11	13	1	0	2	0	0	2	3	3	0	25	6
湖南 Hunan	171	35	38	35	17	0	10	0	19	6	3	0	2	6
广东 Guangdong	79	18	6	1	7	0	1	0	5	1	0	0	21	19
广西 Guangxi	278	65	32	3	11	1	1	0	39	48	16	0	40	22
海南 Hainan	258	100	24	22	1	0	1	0	75	9	0	0	9	17
重庆 Chongqing	153	59	18	0	12	0	0	0	10	10	6	0	34	4
四川 Sichuan	75	27	20	1	0	0	4	0	4	1	4	0	6	8
贵州 Guizhou	23	6	3	1	0	0	0	0	3	0	0	0	6	4
云南 Yunnan	26	2	5	0	3	0	0	0	0	0	8	0	0	8
西藏 Tibet	0	0	0	0	0	0	0	0	0	0	0	0	0	0
陕西 Shaanxi	155	33	50	10	22	3	1	0	5	12	0	0	10	9
甘肃 Gansu	8	0	0	0	0	0	0	0	6	0	0	0	0	2
青海 Qinghai	0	0	0	0	0	0	0	0	0	0	0	0	0	0
宁夏 Ningxia	12	2	0	0	0	0	0	0	10	0	0	0	0	0
新疆 Xinjiang	71	0	0	0	0	0	0	0	0	0	0	0	0	71

表 5　2009 年全国版权输出情况统计表　（单位：种）
Statistics of Exported Copyrightable Publications Nationwide in 2009
（unit：type）

	合计 Total	图书 Book	录音制品 Sound Recording	录像制品 Video Recording	电子出版物 Electronic Publication	软件 Software	电影 Film	电视节目 Television Program	其他 Others
合计 Total	4205	3103	77	0	34	0	1	988	2
北京 Beijing	1484	1382	69	0	33	0	0	0	0
天津 Tianjin	12	12	0	0	0	0	0	0	0
河北 Hebei	26	26	0	0	0	0	0	0	0
山西 Shanxi	31	31	0	0	0	0	0	0	0
内蒙古 Inner Mongolia	13	13	0	0	0	0	0	0	0
辽宁 Liaoning	99	99	0	0	0	0	0	0	0
吉林 Jilin	55	55	0	0	0	0	0	0	0
黑龙江 Heilongjiang	26	26	0	0	0	0	0	0	0
上海 Shanghai	1222	232	1	0	0	0	1	988	0
江苏 Jiangsu	168	168	0	0	0	0	0	0	0
浙江 Zhejiang	124	124	0	0	0	0	0	0	0
安徽 Anhui	169	169	0	0	0	0	0	0	0
福建 Fujian	6	6	0	0	0	0	0	0	0
江西 Jiangxi	131	131	0	0	0	0	0	0	0

（续表 cont'd）

	合计 Total	图书 Book	录音制品 Sound Recording	录像制品 Video Recording	电子出版物 Electronic Publication	软件 Software	电影 Film	电视节目 Television Program	其他 Others
山东 Shandong	83	83	0	0	0	0	0	0	0
河南 Henan	13	13	0	0	0	0	0	0	0
湖北 Hubei	28	28	0	0	0	0	0	0	0
湖南 Hunan	121	114	7	0	0	0	0	0	0
广东 Guangdong	48	48	0	0	0	0	0	0	0
广西 Guangxi	144	144	0	0	0	0	0	0	0
海南 Hainan	7	7	0	0	0	0	0	0	0
重庆 Chongqing	51	48	0	0	1	0	0	0	2
四川 Sichuan	100	100	0	0	0	0	0	0	0
贵州 Guizhou	0	0	0	0	0	0	0	0	0
云南 Yunnan	14	14	0	0	0	0	0	0	0
西藏 Tibet	0	0	0	0	0	0	0	0	0
陕西 Shaanxi	28	28	0	0	0	0	0	0	0
甘肃 Gansu	2	2	0	0	0	0	0	0	0
青海 Qinghai	0	0	0	0	0	0	0	0	0
宁夏 Ningxia	0	0	0	0	0	0	0	0	0
新疆 Xinjiang	0	0	0	0	0	0	0	0	0

表 6　2009 年全国图书版权输出地情况统计表　（单位：种）

Statistics of Destinations of Exported Copyrightable Books Nationwide in 2009

（unit：type）

	合计 Total	美国 U. S. A.	英国 U. K.	德国 Germany	法国 France	俄罗斯 Russia	加拿大 Canada	新加坡 Singapore	日本 Japan	韩国 Korea	中国香港 Hong Kong, China	中国澳门 Macao, China	中国台湾 Taiwan of China	其他地区 Others
合计 Total	3103	267	220	173	26	54	10	60	101	253	219	10	682	1028
北京 Beijing	1382	108	194	99	9	37	1	25	55	112	38	2	305	397
天津 Tianjin	12	0	0	0	0	0	0	0	0	0	0	0	5	7
河北 Hebei	26	0	0	0	0	0	0	0	0	0	0	0	23	3
山西 Shanxi	31	0	1	0	0	0	0	0	0	1	0	0	24	5
内蒙古 Inner Mongolia	13	0	1	0	0	0	0	3	3	2	0	0	2	2
辽宁 Liaoning	99	8	1	10	4	0	0	23	5	1	0	0	39	8
吉林 Jilin	55	10	0	0	0	0	0	0	0	6	0	0	32	7
黑龙江 Heilongjiang	26	0	0	0	0	0	0	0	0	0	0	0	0	26
上海 Shanghai	232	52	6	12	11	0	0	4	1	44	54	7	24	17
江苏 Jiangsu	168	16	8	3	0	6	0	1	6	5	76	0	12	35
浙江 Zhejiang	124	14	0	25	0	0	0	1	0	25	3	0	13	43
安徽 Anhui	169	1	0	0	0	0	4	0	20	10	10	0	30	94
福建 Fujian	6	0	0	0	0	0	0	0	0	1	4	0	1	0
江西 Jiangxi	131	0	0	0	2	0	5	0	1	24	1	0	64	34

（续表 cont'd）

	合计 Total	美国 U. S. A.	英国 U. K.	德国 Germany	法国 France	俄罗斯 Russia	加拿大 Canada	新加坡 Singapore	日本 Japan	韩国 Korea	中国香港 Hong Kong, China	中国澳门 Macao, China	中国台湾 Taiwan of China	其他 Others
山东 Shandong	83	14	3	1	0	6	0	0	4	0	0	1	30	24
河南 Henan	13	0	0	0	0	0	0	0	0	2	0	0	6	5
湖北 Hubei	28	1	0	1	0	0	0	0	1	9	3	0	8	5
湖南 Hunan	114	3	1	21	0	4	0	0	1	0	8	0	0	76
广东 Guangdong	48	14	0	0	0	1	0	0	1	5	3	0	1	23
广西 Guangxi	144	8	4	0	0	0	0	0	3	0	6	0	4	119
海南 Hainan	7	0	0	0	0	0	0	0	0	0	3	0	4	0
重庆 Chongqing	48	2	1	0	0	0	0	0	0	0	1	0	25	19
四川 Sichuan	100	0	0	0	0	0	0	3	0	2	3	0	18	74
贵州 Guizhou	0	0	0	0	0	0	0	0	0	0	0	0	0	0
云南 Yunnan	14	0	0	0	0	0	0	0	0	4	6	0	0	4
西藏 Tibet	0	0	0	0	0	0	0	0	0	0	0	0	0	0
陕西 Shaanxi	28	16	0	1	0	0	0	0	0	0	0	0	10	1
甘肃 Gansu	2	0	0	0	0	0	0	0	0	0	0	0	2	0
青海 Qinghai	0	0	0	0	0	0	0	0	0	0	0	0	0	0
宁夏 Ningxia	0	0	0	0	0	0	0	0	0	0	0	0	0	0
新疆 Xinjiang	0	0	0	0	0	0	0	0	0	0	0	0	0	0

表7　2009年计算机软件著作权登记统计表　（单位：件）

Statistics of Copyright Registration of Computer Software Nationwide in 2009

(unit: piece)

排名 Rank	省份 Province	2009年登记量 Registrations in 2009	2008年登记量 Registrations in 2008	同比增量 Year-on-year Increment	同比增幅 Year-on-year Growth Rate	占登记总量 Percentage of Total Registrations
1	北京 Beijing	22 055	18 156	3899	21.47%	32.48%
2	广东 Guangdong	9927	6172	3755	60.84%	14.62%
3	上海 Shanghai	5475	4729	746	15.78%	8.06%
4	浙江 Zhejiang	4759	4131	628	15.20%	7.01%
5	江苏 Jiangsu	4321	2935	1386	47.22%	6.36%
6	山东 Shandong	1834	1324	510	38.52%	2.70%
7	福建 Fujian	1706	1287	419	32.56%	2.51%
8	四川 Sichuan	1589	1108	481	43.41%	2.34%
9	湖北 Hubei	1358	914	444	48.58%	2.00%
10	湖南 Hunan	1327	623	704	113.00%	1.95%
11	陕西 Shaanxi	1235	760	475	62.50%	1.82%
12	天津 Tianjin	1079	750	329	43.87%	1.59%
13	辽宁 Liaoning	1110	976	134	13.73%	1.63%
14	安徽 Anhui	926	481	445	92.52%	1.36%
15	河南 Henan	701	461	240	52.06%	1.03%

（续表 cont'd）

排名 Rank	省份 Province	2009 年登记量 Registrations in 2009	2008 年登记量 Registrations in 2008	同比增量 Year - on - year Increment	同比增幅 Year - on - year Growth Rate	占登记总量 Percentage of Total Registrations
16	河北 Hebei	669	329	340	103. 34%	0. 99%
17	重庆 Chongqing	398	254	144	56. 69%	0. 59%
18	云南 Yunnan	413	227	186	81. 94%	0. 61%
19	黑龙江 Heilongjiang	403	284	119	41. 90%	0. 59%
20	吉林 Jilin	362	275	87	31. 64%	0. 53%
21	山西 Shanxi	327	192	135	70. 31%	0. 48%
22	广西 Guangxi	317	196	121	61. 73%	0. 47%
23	江西 Jiangxi	278	215	63	29. 30%	0. 41%
24	海南 Hainan	124	64	60	93. 75%	0. 18%
25	新疆 Xinjiang	119	53	66	124. 53%	0. 18%
26	内蒙古 Inner Mongolia	101	55	46	83. 64%	0. 15%
27	甘肃 Gansu	104	76	28	36. 84%	0. 15%
28	宁夏 Ningxia	67	23	44	191. 30%	0. 10%
29	贵州 Guizhou	66	52	14	26. 92%	0. 10%
30	香港 Hong Kong，China	16	8	8	100. 00%	0. 02%
31	青海 Qinghai	3	0	3	100. 00%	0. 00%

*说明：2009 年各类申请软件登记总量为 70 965 件，同比增长 49. 75%，其中软件著作权登记量为 67 912 件，同比增长 48. 6%，占软件登记总量的 95. 7%。办理完成软件著作权转让和专有许可合同登记 182 件，同比增长 26. 38%；变更或补充登记 2752 件，同比增长 91. 64%；计算机软件著作权质押合同登记 119 件，同比增长 9. 17%。

（本统计数据由国家版权局版权管理司提供）

Ⅳ

集成电路布图设计

表 1　2009 年集成电路布图设计登记申请统计表　（单位：件）
Statistics of Applications for Registration of Layout – designs of Integrated Circuits in 2009 (unit: piece)

地区 Region	申请数量 Applications Accepted
合计 Total	860
国内 Domestic	838
北京 Beijing	90
天津 Tianjin	9
辽宁 Liaoning	10
上海 Shanghai	234
江苏 Jiangsu	133
浙江 Zhejiang	70
安徽 Anhui	4
福建 Fujian	21
山东 Shandong	7
湖北 Hubei	5
广东 Guangdong	180
四川 Sichuan	22
重庆 Chongqing	4
贵州 Guizhou	5

（续表 cont'd）

地区 Region	申请数量 Applications Accepted
陕西 Shaanxi	10
香港 Hong Kong，China	5
台湾 Taiwan of China	29
国外 Foreign	22
美国 U. S. A.	20
新加坡 Singapore	2

表 2　2009 年集成电路布图设计登记发证统计表　　（单位：件）

Statistics of Layout – designs of Integrated Circuits Certificates Issued in 2009

（unit：piece）

地区 Region	发证数量 Certificates Issued
合计 Total	655
国内 Domestic	627
北京 Beijing	85
天津 Tianjin	5
辽宁 Liaoning	11
上海 Shanghai	129
江苏 Jiangsu	105

2009 年集成电路布图设计登记发证统计表

（续表 cont'd）

地区 Region	发证数量 Certificates Issued
浙江 Zhejiang	43
安徽 Anhui	4
福建 Fujian	19
山东 Shandong	5
湖北 Hubei	5
广东 Guangdong	157
四川 Sichuan	23
贵州 Guizhou	1
陕西 Shaanxi	9
香港 Hong Kong，China	6
台湾 Taiwan of China	20
国外 Foreign	28
美国 U. S. A.	22
新加坡 Singapore	2
日本 Japan	4

（本统计数据由国家知识产权局规划发展司计划统计处提供）

V

农业植物新品种

1999～2009 年农业植物新品种权申请和授权汇总表（截至 2009 年 12 月 31 日）
Statistics for Agricultural PBR's Applications and Grants，1999－2009（up to Dec. 31，2009）

表 1　根据植物种类划分的统计表　（单位：件）
Classification by Genera or Species　（unit：piece）

植物种类 Genera or Species		累计总量 Total		2009 年申请 Applications in 2009	2008 年同期申请 The Same Term of 2008
		申请 Applications	授权 Grants		
大田作物 申请：5653 授权：2602 Agriculture Crops Applications：5653 Grants：2602	水稻 Rice	1908	973	217	226
	玉米 Maize	2346	1124	295	233
	普通小麦 Wheat	583	249	67	80
	棉属 Cotton	224	62	20	34
	大豆 Soybean	255	87	65	37
	甘蓝型油菜 Oilseed Rape	157	56	35	23
	花生 Groundnut	46	14	16	5
	高粱 Sorghum	36	15	12	2
	大麦属 Barley	39	11	9	7
	谷子 Foxtail Millet	25	3	4	6
	甘薯 Sweet Potato	20	6	5	6
	蚕豆 Horsebean	5	0	1	0
	绿豆 Mungbean	4	1	0	3
	苎麻属 Ramie	2	1	0	0
	亚麻 Linseed	1	0	0	0
	芥菜型油菜 Mustard Rape	1	0	0	0
	芝麻 Sesame	1	0	1	0

（续表 cont'd）

植物种类 Genera or Species		累计总量 Total		2009 年申请 Applications in 2009	2008 年同期申请 The Same Term of 2008
		申请 Applications	授权 Grants		
蔬菜 申请：300 授权：94 Vegetable Applications：300 Grants：94	普通西瓜 Water Melon	41	13	6	1
	大白菜 Chinese Cabbage	39	22	6	4
	辣椒属 Pepper	46	11	12	6
	普通番茄 Tomato	35	16	4	6
	马铃薯 Potato	35	8	5	12
	黄瓜 Cucumber	24	9	4	8
	草莓 Strawberry	21	0	1	7
	甜瓜 Melon	15	7	1	4
	茄子 Eggplant	10	1	3	1
	普通结球甘蓝 Cabbage	10	4	2	4
	食用萝卜 Radish	4	3	1	0
	白灵侧耳 White King Oyster Mushroom	3	0	0	0
	胡萝卜 Carrot	1	0	0	0
	菜豆 French Bean	6	0	4	2
	花椰菜 Cauliflower	3	0	0	2
	大葱 Welsh Onion	1	0	0	1
	豌豆 Pea	1	0	0	1
	豇豆 Cow Pea	2	0	0	2
	西葫芦 Squash	3	0	2	1

（续表 cont'd）

植物种类 Genera or Species		累计总量 Total		2009 年申请 Applications in 2009	2008 年同期申请 The Same Term of 2008
		申请 Applications	授权 Grants		
花卉 申请：392 授权：62 Flower Applications：392 Grants：62	菊属 Chrysanthemum	138	26	64	25
	百合属 Lily	58	4	17	7
	非洲菊 Gerbera	36	11	6	6
	石竹属 Carnation	38	11	17	1
	兰属 Cymbidium	22	10	2	8
	唐菖蒲属 Gladiolus	1	0	0	0
	花毛茛 Ranunculus	2	0	0	2
	果子蔓属 Guzmania	27	0	14	13
	花烛属 Anthurium	70	0	23	47
果树 申请：178 授权：49 Fruit tree Applications：178 Grants：49	梨属 Pear	44	15	2	8
	苹果属 Apple	37	4	5	1
	葡萄属 Grapevine	27	3	7	4
	桃 Peach	21	11	3	5
	猕猴桃属 Kiwifruit	26	9	7	5
	柑橘属 Citrus	13	6	3	2
	李 Plum	3	0	0	0
	荔枝 Lichi	1	1	0	0
	桑属 Mulberry	6	0	5	1

（续表 cont'd）

植物种类 Genera or Species		累计总量 Total		2009 年申请 Applications in 2009	2008 年同期申请 The Same Term of 2008
		申请 Applications	授权 Grants		
牧草申请：5 Forage Grass Applications：5	酸模属 Dock	2	0	0	0
	紫花苜蓿 Lucerne	2	0	0	0
	柱花草属 Stylosanthes	1	0	1	0
其他申请：13 Others Applications：13	茶组 Tea Plant	13	0	4	9
合计 Total		6541	2807	978	868

表 2　根据单位性质划分的统计表 Classification by Kind of Units

（单位：件）
（unit：piece）

单位性质 Kind of Units	总计 Total		2009 年申请 Applications in 2009	2008 年同期申请 The Same Term of 2008
	申请 Applications	授权 Grants		
国内科研 Domestic Institute	3235	1510	462	433
国内企业 Domestic Enterprise	2059	902	276	221
国内教学 Domestic Education	494	230	69	68
国内个人 Domestic Individual	376	112	67	57
国外企业 Foreign Enterprise	334	53	89	77
国外个人 Foreign Individual	26	0	11	8
国外教学 Foreign Education	14	0	4	3
国外科研 Foreign Institute	3	0	0	1
合计 Total	6541	2807	978	868

表 3　根据地区划分的统计表　（单位：件）
Classification by Region　（unit：piece）

	排名 Rank	地区 Region	总计 Total 申请 Applications	总计 Total 授权 Grants	2009 年申请 Applications in 2009	2008 年同期申请 The Same Term of 2008
国内 Domestic	1	四川 Sichuan	591	327	48	49
	2	山东 Shandong	555	251	70	69
	3	河南 Henan	531	209	77	57
	4	吉林 Jilin	490	228	55	62
	5	江苏 Jiangsu	453	223	71	73
	6	辽宁 Liaoning	397	210	34	31
	7	黑龙江 Heilongjiang	349	126	63	62
	8	北京 Beijing	343	132	74	43
	9	河北 Hebei	292	163	33	23
	10	湖南 Hunan	270	120	36	23
	11	安徽 AnHui	193	81	20	23
	12	云南 Yunnan	161	72	24	21
	13	湖北 Hubei	191	51	61	15
	14	浙江 Zhejiang	139	60	18	29
	15	福建 Fujian	130	75	17	10
	16	广西 Guangxi	125	62	11	12

（续表 cont'd）

	排名 Rank	地区 Region	总计 Total		2009 年申请 Applications in 2009	2008 年同期申请 The Same Term of 2008
			申请 Applications	授权 Grants		
国内 Domestic	17	内蒙古 Inner Mongolia	120	59	17	10
	18	广东 Guangdong	118	50	28	19
	19	贵州 Guizhou	114	24	20	48
	20	上海 Shanghai	106	22	29	25
	21	山西 Shanxi	90	38	13	11
	22	陕西 Shaanxi	83	34	8	22
	23	新疆 Xinjiang	76	21	4	14
	24	重庆 Chongqing	69	36	7	6
	25	江西 Jiangxi	64	43	12	5
	26	天津 Tianjin	41	9	6	10
	27	甘肃 Gansu	32	7	14	3
	28	海南 Hainan	26	15	2	1
	29	宁夏 Ningxia	12	5	1	3
	30	青海 Qinghai	3	1	1	0

（续表　cont'd）

	排名 Rank	地区 Region	总计 Total 申请 Applications	总计 Total 授权 Grants	2009年申请 Applications in 2009	2008年同期申请 The Same Term of 2008
国外 Foreign	1	荷兰 Netherlands	163	31	40	54
	2	美国 U. S. A.	72	3	34	9
	3	韩国 Korea	48	3	13	5
	4	日本 Japan	32	15	7	3
	5	德国 Germany	15	0	4	0
	6	比利时 Belgium	11	0	2	7
	7	法国 France	7	0	0	6
	8	意大利 Italy	8	0	1	5
	9	西班牙 Spain	7	0	2	0
	10	以色列 Israel	4	0	0	0
	11	澳大利亚 Australia	4	0	0	0
	12	新西兰 New Zealand	4	1	1	0
	13	南非 South Africa	1	0	0	0
	14	英国 U. K.	1	0	0	0
合计 Total			6541	2807	978	868

表 4 国外植物新品种申请情况明细表（1999～2009 年） （单位：件）

Statistics of Variety Rights Applications by Foreign Countries, 1999－2009

（unit：piece）

申请地区 Origin	植物种类 Genera or Species	1999～2008 年申请 Applications, 1999－2008	2009 年申请 Applications in 2009
荷兰（申请 163 件） Netherlands（163）	百合属 Lilium L.	23	13
	菊属 Chrysanthemum L.	23	17
	非洲菊 Gerbera jamesonii Bolus	10	0
	石竹属 Dianthus L.	4	0
	茄子 Solanum melongena L.	4	0
	马铃薯 Solanum tuberosum L.	3	4
	普通番茄 Lycopersicon esculentum Mill.	2	0
	梨属 Pyrus L.	1	0
	辣椒属 Capsicum L.	1	2
	花烛属 Anthurium Schott	47	0
	果子蔓属 Guzmania Ruiz. & Pav.	5	4
美国（申请 72 件） U. S. A.（72）	玉米 Zea mays L.	21	30
	草莓 Fragaria ananassa Duch.	10	0
	葡萄属 Vitis L.	7	3
	苹果属 Malus Mill.	0	1

（续表 cont'd）

申请地区 Origin	植物种类 Genera or Species	1999～2008 年申请 Applications, 1999－2008	2009 年申请 Applications in 2009
韩国（申请 48 件）Korea（48）	梨属 Pyrus L.	20	0
	葡萄属 Vitis L.	4	0
	苹果属 Malus Mill.	4	0
	玉米 Zea mays L.	2	0
	唐菖蒲属 Gladiolus L.	1	0
	菊属 Chrysanthemum L.	1	11
	水稻 Oryza sativa L.	1	1
	桃 Prunus persica（L.）Batsch.	1	0
	猕猴桃属 Actinidia Lindl.	1	1
日本（申请 32 件）Japan（32）	苹果属 Malus Mill.	0	2
	兰属 Cymbidium Sw.	10	0
	菊属 Chrysanthemum L.	7	0
	水稻 Oryza sativa L.	4	5
	草莓 Fragaria ananassa Duch.	1	0
	辣椒属 Capsicum L.	1	0
	甜瓜 Cucumis melo L.	1	0
	桃 Prunus persica（L.）Batsch.	1	0
德国（申请 15 件）Germany（15）	梨属 Pyrus L.	1	1
	菊属 Chrysanthemum L.	5	0
	李 Prunus salicina Lindl. & P. domestica L. & P. cerasifera Ehrh.	2	0
	玉米 Zea mays L.	3	3

（续表 cont'd）

申请地区 Origin	植物种类 Genera or Species	1999～2008 年申请 Applications，1999－2008	2009 年申请 Applications in 2009
比利时（申请 11 件） Belgium（11）	苹果属 Malus Mill.	2	0
	果子蔓属 Guzmania Ruiz. & Pav.	7	2
意大利（申请 8 件） Italy（8）	石竹属 Dianthus L.	2	0
	草莓 Fragaria ananassa Duch.	4	0
	梨属 Pyrus L.	1	0
	葡萄属 Vitis L.	0	1
法国（申请 7 件） France（7）	草莓 Fragaria ananassa Duch.	1	0
	马铃薯 Solanum tuberosum L.	5	0
	苹果属 Malus Mill.	1	0
西班牙（申请 7 件） Spain（7）	石竹属 Dianthus L.	3	2
	草莓 Fragaria ananassa Duch.	2	0
以色列（申请 4 件） Israel（4）	非洲菊 Gerbera jamesonii Bolus	4	0
澳大利亚（申请 4 件） Australia（4）	苹果属 Malus Mill.	2	0
	大麦属 Hordeum L.	2	0
新西兰（申请 4 件） New Zealand（4）	苹果属 Malus Mill.	2	0
	猕猴桃属 Actinidia Lindl.	1	1
南非（申请 1 件） South Africa（1）	柑橘属 Citrus L.	1	0
英国（申请 1 件） U. K.（1）	苹果属 Malus Mill.	1	0
合计 Total	377	273	104

（本统计数据由农业部植物新品种保护办公室提供）

VI

林业植物新品种

表 1　2009 年林业植物新品种权申请统计表
Statistics of Forestry PBR's Applications in 2009

序号 No.	品种名称 Variety Name	所属属（种） Genera or Species	申请号 Application Number	申请人 Applicant	申请日 Application Date
1	金冠杨 JINGUANYANG	杨属 Populus L.	20090001	王玉民 Wang Yumin	2008－12－30
2	墨杉杂种中山杉 405 MOSHANZAZHONG ZHONGSHANSHAN 405	落羽杉属 Taxodium Rich.	20090002	江苏省中国科学院植物研究所 Institute of Botany, Jiangsu Province and Chinese Academy of Sciences	2009－2－19
3	墨杉杂种中山杉 406 MOSHANZAZHONG ZHONGSHANSHAN 406	落羽杉属 Taxodium Rich.	20090003	江苏省中国科学院植物研究所 Institute of Botany, Jiangsu Province and Chinese Academy of Sciences	2009－2－19
4	墨杉杂种中山杉 407 MOSHANZAZHONG ZHONGSHANSHAN 407	落羽杉属 Taxodium Rich.	20090004	江苏省中国科学院植物研究所 Institute of Botany, Jiangsu Province and Chinese Academy of Sciences	2009－2－19
5	墨杉杂种中山杉 502 MOSHANZAZHONG ZHONGSHANSHAN 502	落羽杉属 Taxodium Rich.	20090005	江苏省中国科学院植物研究所 Institute of Botany, Jiangsu Province and Chinese Academy of Sciences	2009－2－19
6	丰园红 FENGYUANHONG	杏 Prunus armeniaca	20090006	西安丰园果业科技有限公司 Xi'an Fengyuan Fruit Science and Technology Co., Ltd	2009－2－26
7	鲁蜡 1 号 LULAYIHAO	白蜡树属 Fraxinus L.	20090007	山东省林业科学研究院 Shandong Forestry Science and Technology Academy	2009－3－5
8	鲁蜡 2 号 LULAERHAO	白蜡树属 Fraxinus L.	20090008	山东省林业科学研究院 Shandong Forestry Science and Technology Academy	2009－3－5
9	鲁蜡 3 号 LULASANHAO	白蜡树属 Fraxinus L.	20090009	山东省林业科学研究院 Shandong Forestry Science and Technology Academy	2009－3－5
10	鲁蜡 4 号 LULASIHAO	白蜡树属 Fraxinus L.	20090010	山东省林业科学研究院 Shandong Forestry Science and Technology Academy	2009－3－5
11	鲁蜡 5 号 LULAWUHAO	白蜡树属 Fraxinus L.	20090011	山东省林业科学研究院 Shandong Forestry Science and Technology Academy	2009－3－5

（续表 cont'd）

序号 No.	品种名称 Variety Name	所属属（种） Genera or Species	申请号 Application Number	申请人 Applicant	申请日 Application Date
12	鲁蜡 6 号 LULALIUHAO	白蜡树属 Fraxinus L.	20090012	山东省林业科学研究院 Shandong Forestry Science and Technology Academy	2009 - 3 - 5
13	真趣松 ZHENQUSONG	罗汉松属 Podocarpus L'Her. ex Pers.	20090013	黎德坚 Li Dejian	2009 - 3 - 13
14	鲁文 1 号 LUWENYIHAO	核桃 Juglans L.	20090014	山东省果树研究所 Shandong Institute of Pomology	2009 - 3 - 23
15	鲁文 8 号 LUWENBAHAO	核桃 Juglans L.	20090015	山东省果树研究所 Shandong Institute of Pomology	2009 - 3 - 23
16	西吕亚洛 Schiallo	蔷薇属 Rose L.	20090016	荷兰彼得・西吕厄斯控股公司 Piet Schreurs Holding B. V.	2009 - 4 - 8
17	女王星 Queen Star	紫金牛属 Ardisia Sw.	20090017	荷兰范登博思盆花公司 Fa. D. Van Den Bos Potplanten	2009 - 4 - 8
18	美安吉尔 MEIANGELE	蔷薇属 Rose L.	20090018	法国玫兰国际有限公司 Meilland International S. A.	2009 - 5 - 4
19	龙一 LONGYI	杏 Prunus armeniaca	20090019	国家林业局泡桐研究开发中心 Paulownia Research and Development Center, SFA	2009 - 5 - 16
20	仁杏 108 RENXING108	杏 Prunus armeniaca	20090020	国家林业局泡桐研究开发中心 Paulownia Research and Development Center, SFA	2009 - 5 - 16
21	云田彩桂 YUNTIANCAIGUI	桂花 Osmanthus fragrans	20090021	易剑雄 Yi Jianxiong	2009 - 5 - 21
22	北林 3 号 BEILINSANHAO	杨属 Populus L.	20090022	北京林业大学 Beijing Forestry University	2009 - 6 - 10
23	北林 4 号 BEILINSIHAO	杨属 Populus L.	20090023	北京林业大学 Beijing Forestry University	2009 - 6 - 10
24	北林 5 号 BEILINWUHAO	杨属 Populus L.	20090024	北京林业大学 Beijing Forestry University	2009 - 6 - 10
25	北林 6 号 BEILINLIUHAO	杨属 Populus L.	20090025	北京林业大学 Beijing Forestry University	2009 - 6 - 10
26	北林 7 号 BEILINQIHAO	杨属 Populus L.	20090026	北京林业大学 Beijing Forestry University	2009 - 6 - 10

（续表 cont'd）

序号 No.	品种名称 Variety Name	所属属（种）Genera or Species	申请号 Application Number	申请人 Applicant	申请日 Application Date
27	北林 8 号 BEILINBAHAO	杨属 Populus L.	20090027	北京林业大学 Beijing Forestry University	2009－6－10
28	北林 9 号 BEILINJIUHAO	杨属 Populus L.	20090028	北京林业大学 Beijing Forestry University	2009－6－10
29	北林 10 号 BEILINSHIHAO	杨属 Populus L.	20090029	北京林业大学 Beijing Forestry University	2009－6－10
30	北林 11 号 BEILINSHIYIHAO	杨属 Populus L.	20090030	北京林业大学 Beijing Forestry University	2009－6－10
31	金叶墨西哥落羽杉 JINYEMOXIGELU-OYUSHAN	落羽杉属 Taxodium Rich.	20090031	吴江市苗圃集团有限公司 Wujiang City Seedling Management Group Co.，Ltd	2009－7－9
32	全红杨 QUANHONGYANG	杨属 Populus L.	20090032	河南省林业科学研究院、程相军、周春生 Henan Forestry Science and Technology Academy，Cheng Xiangjun，Zhou Chun-sheng	2009－8－6
33	金臣 JINCHEN	油桐 Vernicia Lour.	20090033	刁玉丹 Diao Yudan	2009－8－10
34	龙脑樟 LONGNAOZHANG	樟属 Cinnamomum Trew	20090034	吉安市林业科学研究所 Jian City Forestry Institute	2009－8－17
35	饲料型长叶刺槐 SILIAOXINGCHAN-GYECIHUAI	刺槐属 Robinia L.	20090035	河南省林业科学研究院 Henan Forestry Science and Technol-ogy Academy	2009－9－8
36	万年金 WANNIANJIN	银杏 Ginkgo biloba	20090036	南京林业大学、安陆市林业局、周守坤 Nanjing Forestry University，Anlu City Forestry Bureau，Zhou Shoukun	2009－9－8
37	丰园 77 FENGYUAN77	杏 Prunus armeniaca	20090037	西安丰园果业科技有限公司 Xi'an Fengyuan Fruit Science and Tech-nology Co.，Ltd	2009－9－17
38	品霞 PINXIA	桃花 Prunus persica	20090038	北京市植物园 Beijing Botanical Garden	2009－10－16
39	玉馨含笑 YUXINHANXIAO	含笑属 Michelia L.	20090039	中国科学院昆明植物研究所 Kunming Institute of Botany，Chinese Academy of Sciences	2009－10－16
40	端紫含笑 DUANZIHANXIAO	含笑属 Michelia L.	20090040	中国科学院昆明植物研究所 Kunming Institute of Botany，Chinese Academy of Sciences	2009－10－16

（续表 cont'd）

序号 No.	品种名称 Variety Name	所属属（种） Genera or Species	申请号 Application Number	申请人 Applicant	申请日 Application Date
41	缘子含笑 YUANZIHANXIAO	含笑属 Michelia L.	20090041	中国科学院昆明植物研究所 Kunming Institute of Botany, Chinese Academy of Sciences	2009－10－16
42	常寒 1 号 CHANGHANYIHAO	桉属 Eucalyptus L'Her.	20090042	常德桉林耐寒桉树种植有限公司 Changde Anlin Naihan Eucalypt Plantation Co., Ltd	2009－10－16
43	美思泰 MEISITAI	蔷薇属 Rose L.	20090043	法国玫兰国际有限公司 Meilland International S. A	2009－10－9
44	绿星玉兰 LVXINGYULAN	木兰属 Magnolia L.	20090044	深圳市仙湖植物园管理处、陕西省西安植物园 Shenzhen Fairy Lake Botanical Garden Management Office, Xi'an Botanical Garden	2009－10－16
45	红金星 HONGJINXING	木兰属 Magnolia L.	20090045	深圳市仙湖植物园管理处、陕西省西安植物园 Shenzhen Fairy Lake Botanical Garden Management Office, Xi'an Botanical Garden	2009－10－16
46	红玉玉兰 HONGYUYULAN	木兰属 Magnolia L.	20090046	深圳市仙湖植物园管理处、陕西省西安植物园 Shenzhen Fairy Lake Botanical Garden Management Office, Xi'an Botanical Garden	2009－10－16
47	多瓣天女花 DUOBANTIANNVHUA	木兰属 Magnolia L.	20090047	深圳市仙湖植物园管理处、陕西省西安植物园 Shenzhen Fairy Lake Botanical Garden Management Office, Xi'an Botanical Garden	2009－10－16
48	汉宫粉荷 HANGONGFENHE	蔷薇属 Rose L.	20090048	北京林业大学 Beijing Forestry University	2009－11－30
49	芳纯如烟 FANGCHUNRUYAN	蔷薇属 Rose L.	20090049	北京林业大学 Beijing Forestry University	2009－11－30
50	灵犀一点 LINGXIYIDIAN	蔷薇属 Rose L.	20090050	北京林业大学 Beijing Forestry University	2009－11－30
51	妃子笑 FEIZIXIAO	蔷薇属 Rose L.	20090051	北京林业大学 Beijing Forestry University	2009－11－30
52	蝶舞晚霞 DIEWUWANXIA	蔷薇属 Rose L.	20090052	北京林业大学 Beijing Forestry University	2009－11－30
53	粉黛流香 FENDAILIUXIANG	紫薇 Lagerstroemia indica	20090053	北京林业大学 Beijing Forestry University	2009－11－30
54	紫烟 ZIYAN	紫薇 Lagerstroemia indica	20090054	北京林业大学 Beijing Forestry University	2009－11－30

（续表　cont'd）

序号 No.	品种名称 Variety Name	所属属（种） Genera or Species	申请号 Application Number	申请人 Applicant	申请日 Application Date
55	篝火 GOUHUO	紫薇 Lagerstroemia indica	20090055	北京林业大学 Beijing Forestry University	2009－11－30
56	锐熏 RUIXUN	紫薇 Lagerstroemia indica	20090056	北京林业大学 Beijing Forestry University	2009－11－30
57	泰山窄冠银杏 TAISHANZHAIGUA-NYINXING	银杏 Ginkgo biloba	20090057	泰安市泰山林业科学研究院、泰山银杏开发研究联谊会 Taishan Forestry Science and Technology Academy, Taishan Gingko Development and Research Union	2009－12－16
58	泰山斑叶 TAISHANBANYE	银杏 Ginkgo biloba	20090058	泰安市泰山林业科学研究院、泰山银杏开发研究联谊会 Taishan Forestry Science and Technology Academy, Taishan Gingko Development and Research Union	2009－12－16
59	泰山玉帘 TAISHANYULIAN	银杏 Ginkgo biloba	20090059	泰安市泰山林业科学研究院、泰山银杏开发研究联谊会 Taishan Forestry Science and Technology Academy, Taishan Gingko Development and Research Union	2009－12－16
60	国富 GUOFU	杏 Prunus armeniaca	20090060	辽宁省果树科学研究所 Liaoning Insititute of Pomology	2009－12－15
61	潘尼 639 Panh639	蔷薇属 Rose L.	20090061	荷兰迪瑞特知识产权公司 De Ruiter International Property B. V.	2009－12－22
62	小粉玉 XIAOFENYU	山茶属 Camellia L.	20090062	上海植物园管理处 Shanghai Botanical Garden Management Office	2009－12－9
63	玫瑰春 MEIGUICHUN	山茶属 Camellia L.	20090063	上海植物园管理处 Shanghai Botanical Garden Management Office	2009－12－9
64	汇林 88 号杨 HUILIN88HAOYANG	杨属 Populus L.	20090064	通辽市汇丰林业发展有限责任公司 Tongliao City Huifeng Forestry Development Co., Ltd	2009－12－24
65	凌波仙子 LINGBOXIANZI	蔷薇属 Rose L.	20090065	昆明锦苑花卉产业有限责任公司 Kunming Jingyuan Flower Industry Co., Ltd	2009－12－26
66	月光 YUEGUANG	蔷薇属 Rose L.	20090066	昆明锦苑花卉产业有限责任公司 Kunming Jingyuan Flower Industry Co., Ltd	2009－12－26
67	乡恋 XIANGLIAN	蔷薇属 Rose L.	20090067	昆明锦苑花卉产业有限责任公司 Kunming Jingyuan Flower Industry Co., Ltd	2009－12－26

表 2　2009 年林业植物新品种权授权统计表
Statistics of Forestry PBR Titles Granted in 2009

序号 No.	品种名称 Variety Name	所属属（种）Genera or Species	品种权人 Variety Right Owner	培育人 Breeding Individual	品种权号 Grant Number	授权日 Grant Date
1	龙脑樟 L-1 LONGNAO ZHANGL-1	樟属 Cinnamomum Trew.	湖南省新晃县龙脑开发有限责任公司 Xinhuang County Borneol Development Co., Ltd, Hunan Province	宁石林　何洪城　孙秀泉　姚城伍　殷　菲　刘清华 Ning Shilin, He Hongcheng, Sun Xiuquan, Yao Chengwu, Yin Fei, Liu Qinghua	20090001	2009-12-31
2	俏金星 QIAOJINXING	芍药属 Paeonia L.	北京林业大学 Beijing Forestry University	王莲英　王　福　李清道 Wang Lianying, Wang Fu, Li Qingdao	20090002	2009-12-31
3	艳金星 YANJINXING	芍药属	北京林业大学 Beijing Forestry University	王莲英　王　福　李清道 Wang Lianying, Wang Fu, Li Qingdao	20090003	2009-12-31
4	华夏隐斑白 HUAXIAYIN BANBAI	芍药属 Paeonia L.	北京林业大学 Beijing Forestry University	王莲英　王　福　李清道 Wang Lianying, Wang Fu, Li Qingdao	20090004	2009-12-31
5	华夏玫瑰红 HUAXIAMEI GUIHONG	芍药属 Paeonia L.	北京林业大学 Beijing Forestry University	王莲英　袁　涛　李清道　王　福 Wang Lianying, Yuan Tao, Li Qingdao, Wang Fu	20090005	2009-12-31
6	华夏一品黄 HUAXIAYIPIN HUANG	芍药属 Paeonia L.	北京林业大学 Beijing Forestry University	王莲英　袁　涛　王　福　李清道 Wang Lianying, Yuan Tao, Wang Fu, Li Qingdao	20090006	2009-12-31
7	华夏双娇 HUAXIASH-UANGJIAO	芍药属 Paeonia L.	北京林业大学 Beijing Forestry University	王莲英　王　福　李清道 Wang Lianying, Wang Fu, Li Qingdao	20090007	2009-12-31
8	华夏红 HUAXIAHONG	芍药属 Paeonia L.	北京林业大学 Beijing Forestry University	王莲英　王　福　李清道 Wang Lianying, Wang Fu, Li Qingdao	20090008	2009-12-31
9	涌金 YONGJIN	樟属 Cinnamomum Trew.	宁波市林业局林特种苗繁育中心 Flint Seedling Breeding Center, Forestry Bureau of Ningbo City	王建军 Wang Jianjun	20090009	2009-12-31
10	云艳 YUNYAN	蔷薇属 Rose L.	云南省农业科学院 Yunnan Academy of Agricultural Sciences	张　颢　李树发　王其刚　蹇红英　邱显钦　唐开学　王继华　翟素萍　王丽花　陆　琳 Zhang Hao, Li Shufa, Wang Qigang, Jian Hongying, Qiu Xianqin, Tang Kaixue, Wang Jihua, Zhai Suping, Wang Lihua, Lu Lin	20090010	2009-12-31

（续表 cont'd）

序号 No.	品种名称 Variety Name	所属属（种）Genera or Species	品种权人 Variety Right Owner	培育人 Breeding Individual	品种权号 Grant Number	授权日 Grant Date
11	蜜糖 MITANG	蔷薇属 Rose L.	云南省农业科学院 Yunnan Academy of Agricultural Sciences	张 颢 李树发 蹇红英 王其刚 邱显钦 唐开学 王继华 翟素萍 王丽花 陆 琳 Zhang Hao, Li Shufa, Jian Hongying, Wang Qigang, Qiu Xianqin, Tang Kaixue, Wang Jihua, Zhai Suping, Wang Lihua, Lu Lin	20090011	2009－12－31
12	粉妆 FENZHUANG	蔷薇属 Rose L.	云南省农业科学院 Yunnan Academy of Agricultural Sciences	唐开学 张 颢 李树发 王丽花 王继华 王其刚 蹇红英 邱显钦 翟素萍 陆 琳 Tang Kaixue, Zhang Hao, Li Shufa, Wang Lihua, Wang Jihua, Wang Qi Gang, Jian Hongying, Qiu Xianqin, Zhai Suping, Lu Lin	20090012	2009－12－31
13	锦华栾 JINHUALUAN	栾树属 Koelreuteria Laxm.	范军科 Fan Junke	范军科 Fan Junke	20090013	2009－12－31
14	沁盛香花槐 QINSHENGXIANGHUAHUAI	刺槐属 Robinia L.	郭锁胜 Guo Suosheng	郭锁胜 Guo Suosheng	20090014	2009－12－31
15	短花云丰 DUANHUA YUNFENG	板栗 Castanea mollissima	北京农学院 Beijing Agricultural College	秦 岭 杨东生 高天放 周自军 王铁明 冯永庆 田瑞冬 Qin Ling, Yang Dongsheng, Gao Tianfang, Zhou Zijun, Wang Tieming, Feng Yongqing, Tian Ruidong	20090015	2009－12－31
16	北林 1 号 BEILINYIHAO	杨属 Populus L.	北京林业大学 Beijing Forestry University	康向阳 张平冬 王 君 李艳华 陈洪伟 宋连君 张有慧 李金忠 高 鹏 王尚德 Kang Xiangyang, Zhang Pingdong, Wang Jun, Li Yanhua, Chen HongWei, Song Lianjun, Zhang Youhui, Li Jinzhong, Gao Peng, Wang Shangde	20090016	2009－12－31

（续表 cont'd）

序号 No.	品种名称 Variety Name	所属属（种）Genera or Species	品种权人 Variety Right Owner	培育人 Breeding Individual	品种权号 Grant Number	授权日 Grant Date
17	北林2号 BEILINERHAO	杨属 Populus L.	北京林业大学 Beijing Forestry University	康向阳 张平冬 王 君 高 鹏 王尚德 张有慧 宋连君 李金忠 陈洪伟 李艳华 Kang Xiangyang, Zhang Pingdong, Wang Jun, Gao Peng, Wang Shangde, Zhang Youhui, Song Lianjun, Li Jinzhong, Chen HongWei, Li Yanhua	20090017	2009-12-31
18	三毛杨7号 SANMAO YANGQIHAO	杨属 Populus L.	北京林业大学 Beijing Forestry University	朱之悌 林惠斌 张志毅 康向阳 张金凤 张平冬 李 云 李金忠 张有慧 Zhu Zhidi, Lin Huibin, Zhang Zhiyi, Kang Xiangyang, Zhang Jinfeng, Zhang Pingdong, Li Yun, Li Jinzhong, Zhang Youhui	20090018	2009-12-31
19	三毛杨8号 SANMAO YANGBAHAO	杨属 Populus L.	北京林业大学 Beijing Forestry University	朱之悌 林惠斌 张志毅 康向阳 张金凤 张平冬 李 云 李金忠 张有慧 Zhu Zhidi, Lin Huibin, Zhang Zhiyi, Kang Xiangyang, Zhang Jinfeng, Zhang Pingdong, Li Yun, Li Jinzhong, Zhang Youhui	20090019	2009-12-31
20	三毛杨9号 SANMAO YANGJIUHAO	杨属 Populus L.	北京林业大学 Beijing Forestry University	朱之悌 林惠斌 张志毅 康向阳 张金凤 张平冬 李 云 张有慧 李金忠 Zhu Zhidi, Lin Huibin, Zhang Zhiyi, Kang Xiangyang, Zhang Jinfeng, Zhang Pingdong, Li Yun, Zhang Youhui, Li Jinzhong	20090020	2009-12-31
21	三毛杨10号 SANMAO YANGSHIHAO	杨属 Populus L.	北京林业大学 Beijing Forestry University	朱之悌 林惠斌 张志毅 康向阳 张金凤 张平冬 李 云 张有慧 李金忠 Zhu Zhidi, Lin Huibin, Zhang Zhiyi, Kang Xiangyang, Zhang Jinfeng, Zhang Pingdong, Li Yun, Zhang Youhui, Li Jinzhong	20090021	2009-12-31
22	三毛杨11号 SANMAO YANGSHIYIHAO	杨属 Populus L.	北京林业大学 Beijing Forestry University	朱之悌 林惠斌 张志毅 康向阳 张金凤 张平冬 李 云 李金忠 张有慧 Zhu Zhidi, Lin Huibin, Zhang Zhiyi, Kang Xiangyang, Zhang Jinfeng, Zhang Pingdong, Li Yun, Li Jinzhong, Zhang Youhui	20090022	2009-12-31

（续表 cont'd）

序号 No.	品种名称 Variety Name	所属属（种） Genera or Species	品种权人 Variety Right Owner	培育人 Breeding Individual	品种权号 Grant Number	授权日 Grant Date
23	华贵人 HUAGUIREN	蔷薇属 Rose L.	昆明锦苑花卉产业有限责任公司 Kunming Jinyuan Flower Industry Co. , Ltd	倪　功　曹荣根　王富权　刘洪亮 Ni Gong, Cao Ronggen, Wang Fuquan, Liu Hongliang	20090023	2009 - 12 - 31
24	黄莺 HUANGYING	蔷薇属 Rose L.	昆明锦苑花卉产业有限责任公司 Kunming Jinyuan Flower Industry Co. , Ltd	倪　功　曹荣根　王富权　刘洪亮 Ni Gong, Cao Ronggen, Wang Fuquan, Liu Hongliang	20090024	2009 - 12 - 31
25	美果玫 AF MEIGUOMEI - AF	蔷薇属 Rose L.	上海农林职业技术学院 Shanghai Agriculture and Forestry Technology College	黄清俊 Huang Qingjun	20090025	2009 - 12 - 31
26	云田彩桂 YUNTIANCAIGUI	桂花 Osmanthus fragrans	易剑雄 Yi Jianxiong	易剑雄　肖瑞龙　易屈意　田业强　帅金华　唐玉美　易进觉 Yi Jianxiong, Xiao Ruilong, Yi Quyi, Tian Yeqiang, Shuai Jinhua, Tang Yumei, Yi Jinjue	20090026	2009 - 12 - 31
27	蝶衣 DIEYI	银杏 Ginkgo biloba	河南省红枫实业有限公司 Henan Hongfeng Industry Co. , Ltd	张　丹　张家勋　张　茂 Zhang Dan, Zhang Jiaxun, Zhang Mao	20090027	2009 - 12 - 31
28	雪中红 XUEZHONGHONG	卫矛属 Euonymus L.	河南省红枫实业有限公司 Henan Hongfeng Industry Co. , Ltd	张　丹　张家勋　张　茂 Zhang Dan, Zhang Jiaxun, Zhang Mao	20090028	2009 - 12 - 31
29	金枝玉叶 JINZHIYUYE	卫矛属 Euonymus L.	河南省红枫实业有限公司 Henan Hongfeng Industry Co. , Ltd	张　丹　张家勋　张　茂 Zhang Dan, Zhang Jiaxun, Zhang Mao	20090029	2009 - 12 - 31
30	北林 3 号 BEILINSANHAO	杨属 Populus L.	北京林业大学 Beijing Forestry University	康向阳　张平冬　王　君　侯延侠　宋连君　李金忠　张有慧　高　鹏　王尚德　张正海 Kang Xiangyang, Zhang Pingdong, Wang Jun, Hou Yanxia, Song Lianjun, Li Jinzhong, Zhang Youhui, Gao Peng, Wang Shangde, Zhang Zhenghai	20090030	2009 - 12 - 31

（续表 cont'd）

序号 No.	品种名称 Variety Name	所属属（种） Genera or Species	品种权人 Variety Right Owner	培育人 Breeding Individual	品种权号 Grant Number	授权日 Grant Date
31	迷你球桧 MINIQIUHUI	圆柏属 Sabina Mill.	中国科学院植物研究所 Institute of Botany, Chinese Academy of Sciences	张治明 唐宇丹 张会金 姚 涓 崔洪霞 Zhang Zhiming, Tang Yudan, Zhang Huijin, Yao Juan, Cui Hongxia	20090031	2009-12-31
32	北林5号 BEILINWUHAO	杨属 Populus L.	北京林业大学 Beijing Forestry University	康向阳 张平冬 陈洪伟 高 鹏 宋连君 李金忠 张有慧 王 君 张正海 王尚德 Kang Xiangyang, Zhang Pingdong, Chen Hongwei, Gao Peng, Song Lianjun, Li Jinzhong, Zhang Youhui, Wang Jun, Zhang Zhenghai, Wang Shangde	20090032	2009-12-31
33	北林7号 BEILINQIHAO	杨属 Populus L.	北京林业大学 Beijing Forestry University	康向阳 张平冬 李艳华 张正海 张有慧 宋连君 李金忠 王 君 陈洪伟 高 鹏 Kang Xiangyang, Zhang Pingdong, Li Yanhua, Zhang Zhenghai, Zhang Youhui, Song Lianjun, Li Jinzhong, Wang Jun, Chen Hongwei, Gao Peng	20090033	2009-12-31
34	北林8号 BEILINBAHAO	杨属 Populus L.	北京林业大学 Beijing Forestry University	康向阳 张平冬 李艳华 张正海 张有慧 宋连君 李金忠 王 君 陈洪伟 侯延侠 Kang Xiangyang, Zhang Pingdong, Li Yanhua, Zhang Zhenghai, Zhang Youhui, Song Lianjun, Li Jinzhong, Wang Jun, Chen Hongwei, Hou Yanxia	20090034	2009-12-31
35	北林9号 BEILINJIUHAO	杨属 Populus L.	北京林业大学 Beijing Forestry University	康向阳 张平冬 侯延侠 王尚德 李金忠 张有慧 宋连君 陈洪伟 李艳华 王 君 Kang Xiangyang, Zhang Pingdong, Hou Yanxia, Wang Shangde, Li Jinzhong, Zhang Youhui, Song Lianjun, Chen Hongwei, Li Yanhua, Wang Jun	20090035	2009-12-31

（续表 cont'd）

序号 No.	品种名称 Variety Name	所属属（种） Genera or Species	品种权人 Variety Right Owner	培育人 Breeding Individual	品种权号 Grant Number	授权日 Grant Date
36	北林 10 号 BEILINSHIHAO	杨属 Populus L.	北京林业大学 Beijing Forestry University	康向阳 张平冬 侯延侠 王尚德 李金忠 张有慧 宋连君 陈洪伟 李艳华 王 君 Kang Xiangyang, Zhang Pingdong, Hou Yanxia, Wang Shangde, Li Jinzhong, Zhang Youhui, Song Lianjun, Chen Hongwei, Li Yanhua, Wang Jun	20090036	2009－12－31
37	北林 11 号 BEILINSHIYIHAO	杨属 Populus L.	北京林业大学 Beijing Forestry University	康向阳 张平冬 侯延侠 王 君 张有慧 李金忠 宋连君 高 鹏 王尚德 张正海 Kang Xiangyang, Zhang Pingdong, Hou Yanxia, Wang Jun, Zhang Youhui, Li Jinzhong, Song Lianjun, Gao Peng, Wang Shangde, Zhang Zhenghai	20090037	2009－12－31
38	芙蓉石 FURONGSHI	蔷薇属 Rose L.	昆明杨月季园艺有限责任公司 Kunming Yang Chinese Rose Gardening Co., Ltd	杨玉勇 高俊平 赵梁军 蔡 能 Yang Yuyong, Gao Junping, Zhao Liangjun, Cai Neng	20090038	2009－12－31
39	孔雀石 KONGQUESHI	蔷薇属 Rose L.	昆明杨月季园艺有限责任公司 Kunming Yang Chinese Rose Gardening Co., Ltd	杨玉勇 张启翔 潘会堂 程堂仁 蔡 能 Yang Yuyong, Zhang Qixiang, Pan Huitang, Cheng Tangren, Cai Neng	20090039	2009－12－31
40	虎睛石 HUJINGSHI	蔷薇属 Rose L.	昆明杨月季园艺有限责任公司 Kunming Yang Chinese Rose Gardening Co., Ltd	杨玉勇 张启翔 潘会堂 程堂仁 蔡 能 Yang Yuyong, Zhang Qixiang, Pan Huitang, Cheng Tangren, Cai Neng	20090040	2009－12－31
41	俏玉 QIAOYU	蔷薇属 Rose L.	昆明杨月季园艺有限责任公司 Kunming Yang Chinese Rose Gardening Co., Ltd	杨玉勇 张启翔 潘会堂 程堂仁 蔡 能 Yang Yuyong, Zhang Qixiang, Pan Huitang, Cheng Tangren, Cai Neng	20090041	2009－12－31
42	堇青石 JINQINGSHI	蔷薇属 Rose L.	昆明杨月季园艺有限责任公司 Kunming Yang Chinese Rose Gardening Co., Ltd	杨玉勇 张启翔 潘会堂 程堂仁 蔡 能 Yang Yuyong, Zhang Qixiang, Pan Huitang, Cheng Tangren, Cai Neng	20090042	2009－12－31
43	美佳斯波 Meijasper	蔷薇属 Rose L.	玫岚明星月季公司 Meilland Star Rose S. A.	阿兰·安特奈·玫岚 Alain Antoine Meilland	20090043	2009－12－31

（续表　cont'd）

序号 No.	品种名称 Variety Name	所属属（种） Genera or Species	品种权人 Variety Right Owner	培育人 Breeding Individual	品种权号 Grant Number	授权日 Grant Date
44	玫莱伊 Meileyet	蔷薇属 Rose L.	玫岚明星月季公司 Meilland Star Rose S. A.	阿兰・安特奈・玫岚 Alain Antoine Meilland	20090044	2009－12－31
45	美地班尼 Meidebenne	蔷薇属 Rose L.	玫岚明星月季公司 Meilland Star Rose S. A.	阿兰・安特奈・玫岚 Alain Antoine Meilland	20090045	2009－12－31
46	瑞拉 Ruila	蔷薇属 Rose L.	迪鲁特玫瑰花公司 De. Ruiter's Nieuwe Rozen B. V.	波吾 A. A. Pouw	20090046	2009－12－31
47	拉德拉兹 Radrazz	蔷薇属 Rose L.	法国玫岚明星月季公司 Meilland Star Rose S. A., France	威廉姆・J. 拉德莱尔 William J. Radler	20090047	2009－12－31
48	美地皮尔 Meiptipier	蔷薇属 Rose L.	玫岚国际公司 Meilland International S. A.	阿兰・安东尼・玫岚 Alain Antoine Meilland	20090048	2009－12－31
49	美地扎朵 Meitizado	蔷薇属 Rose L.	玫岚国际公司 Meilland International S. A.	阿兰・安东尼・玫岚 Alain Antoine Meilland	20090049	2009－12－31
50	美法宝儿 Meifraboy	蔷薇属 Rose L.	法国玫岚国际公司 Meilland International S. A., France	阿兰・安东尼・玫岚 Alain Antoine Meilland	20090050	2009－12－31
51	美敦凯儿 Meidunkel	蔷薇属 Rose L.	法国玫岚国际公司 Meilland International S. A., France	阿兰・安东尼・玫岚 Alain Antoine Meilland	20090051	2009－12－31
52	玫月绮 Meiyolki	蔷薇属 Rose L.	玫兰国际公司 Meilland International S. A.	阿兰・安托万・玫兰 Alain Antoine Meilland	20090052	2009－12－31
53	玫芬妮 Meiafone	蔷薇属 Rose L.	玫兰国际公司 Meilland International S. A.	阿兰・安托万・玫兰 Alain Antoine Meilland	20090053	2009－12－31
54	凯马蒂奥 Keimateo	蔷薇属 Rose L.	玫兰明星月季公司 Meilland Star Rose S. A.	梅田－智雄 TOMOO UMEDA	20090054	2009－12－31
55	瑞沃克 Ruivonk	蔷薇属 Rose L.	迪鲁特玫瑰花公司 De. Ruiter's Nieuwe Rozen B. V.	波吾 A. A. Pouw	20090055	2009－12－31

表 3　根据植物种类划分的统计表　（单位：件）
Classification by Genera or Species　（unit：piece）

植物种类 Plant Kind	累计总量 Total		2009 年申请 Applications in 2009	2008 年同期申请 The Same Term of 2008
	申请 Applications	授权 Grants		
林木 Forest	84	62	22	18
果树 Fruit Tree	30	17	7	3
木本观赏植物 Woody Ornamental	500	204	35	53
竹 Bamboo	1	1	0	0
其他 Others	19	10	3	3
合计 Total	634	294	67	77

表 4　根据申请人性质划分的统计表　（单位：件）
Classification by Kind of Applicants　（unit：piece）

申请人 Applicant / 植物种类 Genera or Species	科研 Institute	教学 Education	个人 Individual	公司 Company	繁育场 Seeding Nursery	其他 Others	合计 Total
林木 Forest	41	28	2	12	0	1	84
果树 Fruit Tree	12	5	5	3	4	1	30
观赏植物 Woody Ornamental	59	28	71	225	51	66	500
竹 Bamboo	0	1	0	0	0	0	1
其他 Others	6	4	3	5	1	0	19
合计 Total	118	66	81	245	56	68	634

表 5　根据国内外申请人划分的统计表　（单位：件）
Classification by Applicants from Domestic or Foreign　(unit: piece)

申请者 Applicant		年度申请量 Application Number per Year											
		1999	2000	2001	2002	2003	2004	2005	2006	2007	2008	2009	总计
国内合计 Domestic		181	7	8	13	14	17	41	22	35	57	62	457
国外合计 Foreign		1	4	2	4	35	19	32	29	26	20	5	177
植物名录 Grenera or Species	蔷薇属 Rose L.	1	4	1	4	10	17	25	29	23	20	4	138
	杜鹃花属 Rhododendron L.			1				2		2			5
	大戟属 Euphorbia L.					25	2	4					31
	杏 Prunus armeniaca							1					1
	樟属 Cinnamomum Trew									1			1
	紫金牛属 Ardisia japonica											1	1
总计 Total		182	11	10	17	49	36	73	51	61	77	67	634

表 6　根据国外申请人国别划分的统计表　（单位：件）
Classification by Nationality of Foreign Applicants　(unit: piece)

植物名录 Grenera or Species	国别申请量 Application Number										合计 Total
	日本 Japan	荷兰 Netherlands	比利时 Belgium	德国 Germany	法国 France	美国 U. S. A.	英国 U. K.	丹麦 Denmark	韩国 Korea	塞浦路斯 Cyprus	
蔷薇属 Rose L.		48		50	31		4	2	2	1	138
杜鹃花属 Rhododendron L.			5								5
大戟属 Euphorbia L.				23		8					31
杏 Prunus armeniaca						1					1
樟属 Cinnamomum Trew	1										1
紫金牛属 Ardisia japonica		1									1
合计 Total	1	49	5	73	31	9	4	2	2	1	177

（本统计数据由国家林业局植物新品种保护办公室提供）

VII

海关知识产权保护

表 1 2009 年海关中止放行和扣留货物批次统计
Statistics of Suspension of Release & Seized Goods in 2009

年度 Year	中止放行货物批次 Suspension of Release	同比 Year - on - year	扣留货物批次 Seized Goods	同比 Year - on - year
2008	13 140		11 135	
2009	67 051	410.28%	65 810	491%

表 2 2009 年海关扣留侵权商品统计
Statistics of Seizures by Infringing Goods in 2009

年度 Year	侵权商品数量（件） Quantity（piece）	同比 Year - on - year	价值（元） Value（RMB Yuan）	同比 Year - on - year
2008	645 182 937		294 802 157	
2009	280 058 800	-56.59%	452 334 298	53.43%

表 3 2009 年海关查获进出口侵权货物统计
Statistics of Seizures of Import & Export Infringing Goods in 2009

进出口类型 Type	侵权商品数量（件/双） Quantity（piece）	占比 %	价值（元） Value（RMB Yuan）	占比 %
进口 Import	103 558	0.1%	4 245 587	1%
出口 Export	279 955 242	99.9%	448 088 711	99%

表 4 2009 年侵权货物涉及的知识产权类型统计
Statistics of Seized Goods Infringing Different Types of Intellectual Property Rights in 2009

知识产权类型 Rights	涉及批次 Shipments	商品数量（件/双） Quantity（piece）	占比 %	价值（元） Value（RMB Yuan）	占比 %
商标专用权 Trademark	65 188	276 651 530	99%	425 371 077	94%
著作权 Copyright	5810	131 747	<1%	2 733 974	<1%
专利权 Patent	102	3 237 699	<1%	24 081 373	5.32%
奥标/世博标志	5	37 824	<1%	147 873	<1%

表 5 2009 年海关扣留的侵权商品数量和价值统计
Statistics of Quantity & Value of Seizures by Infringing Goods in 2009

商品类别 Categories	商品数量（件/双） Quantity（piece）	占比 %	价值（元） Value（RMB Yuan）	占比 %
烟草 Cigarettes	181 346 116	64. 75%	31 237 651	6. 91%
其他 Others	46 761 330	16. 70%	25 807 920	5. 71%
其他轻工产品 Light Industry Products	15 918 160	5. 68%	1 959 904	0. 43%
化妆、护理用品 Cosmetics	10 996 937	3. 93%	10 757 195	2. 38%
五金机械 Hardware	8 712 423	3. 11%	30 503 080	6. 74%
服装 Apparel	4 986 126	1. 78%	44 083 239	9. 75%
药品 Pharmaceuticals	3 344 790	1. 19%	8 555 921	1. 89%
其他机电产品 Machine	1 747 306	0. 62%	42 909 738	9. 49%
汽车、摩托车 Automobile	1 580 608	0. 56%	2 893 802	0. 64%
通讯设备 Communication Apparatus	1 469 595	0. 52%	57 628 798	12. 74%
鞋类 Footwear	1 184 250	0. 42%	7 894 969	1. 75%
箱包及皮革制品 Bag & Leatherware	418 746	0. 15%	21 765 950	4. 81%
手表 Watch	319 770	0. 11%	10 226 569	2. 26%
玩具游戏 Toys & Games	313 311	0. 11%	4 101 115	0. 91%
帽类 Headware	282 262	0. 10%	793 251	0. 18%
食品饮料 Food & Beverages	212 533	0. 08%	199 920	0. 04%

（续表 cont'd）

商品类别 Categories	商品数量 Quantity	占比 %	价值 Value	占比 %
医疗器械 Medicine and Medical Appliance	198 744	0. 07%	48 379 124	10. 70%
运动器具 Sports Equipments	130 893	0. 05%	846 142	0. 19%
存储介质 Storage Medium	95 735	0. 03%	57 874 722	12. 79%
珠宝首饰 Jewelry	39 165	0. 01%	43 915 285	9. 71%

表 6　2009 年和 2008 年海关扣留的侵权商品类别统计

Statistics of Seizures by Infringing Goods Categories in 2008 and 2009

	商品数量（件/双） Quantity（piece）			商品价值（元） Value（RMB Yuan）		
商品类别 Categories	2009	2008	同比 Year - on - year	2009	2008	同比 Year - on - year
服装 Apparel	4 986 126	1 613 877	209%	31 237 653	22 276 084	40. 23%
鞋类 Footwear	1 184 250	888 685	33%	25 807 920	17 145 646	50. 52%
帽类 Headwear	282 262	331 962	-15%	1 959 904	4 072 076	-51. 87%
箱包及皮革制品 Bag & Leatherware	418 746	380 710	10%	10 757 195	6 100 531	76. 33%
化妆、护理用品 Cosmetic	10 996 937	5 505 752	100%	30 503 080	21 200 760	43. 88%
其他轻工产品 Light Industry Products	15 918 160	27 359 492	42%	44 083 239	28 786 062	53. 14%
汽车、摩托车 Automobile	1 580 608	998 389	58%	8 555 921	11 737 826	-27. 11%
手表 Watch	319 770	225 948	42%	42 909 738	4 867 393	781. 58%
玩具游戏 Toys & Games	313 311	374 100	-16%	2 893 802	2 243 334	29. 00%
通讯设备 Communication Apparatus	1 469 595	1 093 602	34%	57 628 798	22 775 068	153. 03%
存储介质 Storage Medium	95 735	456 192	-79%	7 894 969	6 832 480	15. 55%

（续表 cont'd）

	商品数量 Quantity			商品价值 Value (RMB Yuan)		
商品类别 Categories	2009 年	2008 年	同比 Year - on - year	2009 年	2008 年	同比 Year - on - year
其他机电产品 Machine	1 747 306	3 800 796	-54%	21 765 950	16 398 522	32.73%
五金机械 Hardware	8 712 423	1 136 291	667%	10 226 569	9 258 069	10.46%
珠宝首饰 Jewelry	39 165	94 165	-58%	4 101 115	1 019 940	302.09%
运动器具 Sports Equipments	130 893	148 630	-12%	793 251	1 628 809	-51.3%
医疗器械 Medicine and Medical Appliance	198 744	0		199 920	0	
药品 Pharmaceuticals	3 344 790	230 762	1349%	48 379 124	7 247 302	567.55%
食品饮料 Food & Beverages	212 533	1 563 553	-86%	846 142	1 910 929	-55.72%
烟草 Cigarettes	181 346 116	562 765 960	-68%	57 874 722	83 726 791	-30.88%
其他 Others	46 761 330	36 214 071	29%	43 915 284.67	25 574 535	71.71%

表 7 2009 年侵权商品运输方式（按扣留批次）
Statistics of Transportation Ways of Infringing Goods in 2009 (By Shipments)

运输方式 Ways	邮递 Post	快件 Express	海运 Sea	航空 Airport	汽车 Auto	铁路 Railway	其他 Others
批次 Shipments	44 584	18 262	1490	316	501	149	508
占比 %	67.75%	27.75%	2.26%	0.48%	0.76%	0.23%	0.77%
同比 Year - on - year	500%	1 162%	31%	-8%	171%	19%	9%

表 8 2009 年侵权商品运输方式（按商品数量）
Statistics of Transportation Ways of Infringing Goods in 2009 (By Quantity)

运输方式 Ways	邮递 Post	快件 Express	海运 Sea	航空 Airport	汽车 Auto	铁路 Railway	其他 Others
商品数量（件/双） Quantity (piece)	2 690 886	1 003 927	273 783 586	137 524	2 080 851	144 366	217 660
占比 %	0. 96%	0. 36%	97. 76%	0. 05%	0. 74%	0. 05%	0. 08%
同比 Year - on - year	-2%	-28%	-57%	-68%	-69%	2%	79%

表 9 2009 年侵权商品运输方式（按价值）
Statistics of Transportation Ways of Infringing Goods in 2009 (By Value)

运输方式 Ways	邮递 Post	快件 Express	海运 Sea	航空 Airport	汽车 Auto	铁路 Railway	其他 Others
价值（元） Value (RMB Yuan)	91 292 878	16 788 386	289 517 294	36 778 820	12 608 093	2 191 014	3 157 813
占比 %	20. 18%	3. 71%	64. 01%	8. 13%	2. 79%	0. 48%	0. 70%
同比 Year - on - year	330%	246%	19%	172%	82%	-19%	33%

表 10 2009 年各直属海关扣留侵权货物统计
Statistics of Infringing Goods Seized by Affiliated Customs in 2009

直属海关 Affiliated Customs	批次 Shipment	商品数量（件/双） Quantity (piece)	价值（元） Value (RMB Yuan)
北京海关 Beijing	3541	188 839	87 785 500
天津海关 Tianjin	195	507 146	3 533 341
呼和浩特海关 Huhehot	5	1108	70 710
满洲里海关 Manzhouli	3	2040	20 371
大连海关 Dalian	136	84 902	4 845 695

（续表 cont'd）

直属海关 Affiliated Customs	批次 Shipment	商品数量 Quantity	价值 Value
沈阳海关 Shenyang	72	18 399	206 055
长春海关 Changchun	5	52 877	75 468
哈尔滨海关 Harbin	1648	13 202	1 975 472
上海海关 Shanghai	35 739	8 172 781	57 782 936
南京海关 Nanjing	156	48 867	2 739 753
杭州海关 Hangzhou	3655	15 735 158	36 293 624
宁波海关 Ningbo	301	29 771 703	36 052 220
合肥海关 Hefei	3	3170	130 758
福州海关 Fuzhou	235	446 095	6 475 732
厦门海关 Xiamen	186	1 861 626	9 025 824
青岛海关 Qingdao	488	924 174	7 782 302
郑州海关 Zhengzhou	10	351	9600
武汉海关 Wuhan	369	23 958	2 095 896
长沙海关 Changsha	74	45 947	1 625 343
广州海关 Guangzhou	12 859	423 465	7 808 199
深圳海关 Shenzhen	4702	203 243 082	157 421 868
拱北海关 Gongbei	759	315 356	9 493 030
汕头海关 Shantou	9	23	2300
黄埔海关 Huangpu	75	17 655 758	11 274 623

（续表　cont'd）

直属海关 Affiliated Customs	批次 Shipment	商品数量 Quantity	价值 Value
江门海关 Jiangmen	14	41 692	617 800
湛江海关 Zhanjiang	2	28 248	1 300 422
南宁海关 Nanning	70	66 837	2 266 538
海口海关 Haikou	1	12	12 000
重庆海关 Chongqing	47	10 769	120 555
成都海关 Chengdu	46	353	217 900
昆明海关 Kunming	130	20 516	219 396
拉萨海关 Lhasa	32	12 419	269 620
西安海关 Xi'an	182	78 525	1 233 740
乌鲁木齐海关 Urumchi	61	259 402	1 549 707

表 11　2009 年海关查扣侵权货物的执法模式

Statistics of Types of Enforcement Actions by China Customs in 2009

执法模式 Type	批次 Shipment	占比 %	商品数量（件/双） Quantity（piece）	占比 %	价值（元） Value（RMB Yuan）	占比 %
依申请扣留 Application	111	0. 17%	4 119 650	1. 47%	26 002 787	5. 75%
依备案扣留 Recordation	1342	2. 04%	271 825 399	97. 06%	273 897 717	60. 55%
行邮案件 Luggage & Parcels	64 365	97. 79%	4 113 751	1. 47%	152 433 793	33. 70%

表 12　2009 年邮递和快件渠道专项行动统计
Statistics of Special Actions on Post & Express in 2009

统计项目 Item	专项行动（2009 年 6 ~ 12 月） Special Actions （June – December, 2009）	专项行动（2008 年 6 ~ 12 月） Special Actions （June – December, 2008）	同比 Year – on – year
批次 Shipment	37 914	4523	738. 25%
商品数量（件/双） Quantity（piece）	2 612 891	2 044 560	27. 80%
价值（元） Value（RMB Yuan）	61 662 735	12 266 000	402. 71%

（本统计数据由海关总署政策法规司知识产权处提供）

VIII

知识产权司法保护

2009 年全国法院受理和审结各类知识产权案件统计表
Statistics of Intellectual Property Cases Accepted and Concluded by People's Courts Nationwide in 2009

	2009 年 Year 2009
1. 刑事案件 Criminal Cases	
审结案件（件） Concluded Cases（piece）	3660
判决发生法律效力（人） Effective Judgement（person）	5836
有罪判决（人） Guilty Judgment（person）	5832
侵犯知识产权犯罪（件） Intellectual Property Rights Criminal Cases（piece）	1007
同比增长（%） Year－on－year Growth（%）	1. 1
生效判决（人） Effective Judgement（person）	1605
同比增长（%） Year－on－year Growth（%）	－3. 14
生产、销售伪劣商品犯罪（涉及侵犯知识产权）（件） Crimes of Manufacture and Distribution of Goods with Inferior Quality（Infringing Intellectual Property Rights）（piece）	646
生效判决（人） Effective Judgement（person）	1114
非法经营犯罪（涉及侵犯知识产权）（件） Crimes of Illegal Business Operations（Infringing Intellectual Property Rights）（piece）	1973
生效判决（人） Effective Judgement（person）	3076
其他犯罪（涉及侵犯知识产权）（件） Other Crimes（Infringing Intellectual Property Rights）（piece）	34

（续表 cont'd）

	2009 年
生效判决（人） Effective Judgement（person）	41
2. 行政案件 Administrative Cases	
新收一审案件（件） First – instance Cases Accepted（piese）	2072
审结一审案件（件） First – instance Cases Concluded（piece）	1971
专利案件（件） Patent Cases Accepted（piece）	688
同比增长（%） Year – on – year Growth（%）	19. 03
商标案件（件） Trademark Cases Accepted（piece）	1376
同比增长（%） Year – on – year Growth（%）	184. 3
著作权案件（件） Copyright Cases Accepted（piece）	4
同比增长（%） Year – on – year Growth（%）	– 42. 86
其他案件（件） Other Cases Accepted（piece）	4
3. 民事案件 Civil Cases	
新收一审案件（件） First – instance Cases Accepted（piece）	30 626
同比增长（%） Year – on – year Growth（%）	25. 49
专利案件（件） Patent Cases Accepted（piece）	4422
同比增长（%） Year – on – year Growth（%）	8. 54
商标案件（件） Trademark Cases Accepted（piece）	6906

（续表　cont'd）

	2009 年
同比增长（%） Year – on – year Growth（%）	10. 80
著作权案件（件） Copyright Cases Accepted（piece）	15 302
同比增长（%） Year – on – year Growth（%）	39. 73
技术合同案件（件） Technology Contract Cases Accepted（piece）	747
同比增长（%） Year – on – year Growth（%）	19. 9
不正当竞争案件（件） Unfair Competition Cases Accepted（piece）	1282
同比增长（%） Year – on – year Growth（%）	8. 19
其他知识产权案件（件） Other Intellectual Property Cases Accepted（piece）	1967
同比增长（%） Year – on – year Growth（%）	46. 79
审结一审案件（件） First – instance Cases Concluded（piece）	30 509
同比增长（%） Year – on – year Growth（%）	29. 73
涉外案件（件） Foreign – related Cases Concluded（piece）	1361
同比增长（%） Year – on – year Rise（%）	19. 49
涉港澳台案件（件） Cases Involving Parties from Hong Kong，China；Macao，China and Taiwan of China Concluded（piece）	353
同比增长（%） Year – on – year Growth（%）	56. 89
新收二审案件（件） Second – instance Cases Accepted（piece）	5340
同比增长（%） Year – on – year Growth（%）	12. 21

（续表 cont'd）

	2009 年
审结二审案件（件） Second – instance Cases Concluded（piece）	5492
同比增长（%） Year – on – year Growth（%）	16.88
新收再审案件（件） Retrial Cases Accepted（piece）	100
同比增长（%） Year – on – year Growth（%）	–1.96
审结再审案件（件） Retrial Cases Concluded（piece）	107
同比增长（%） Year – on – year Growth（%）	50.7
最高人民法院新收案件（件） Cases Accepted by the Supreme People's Court（piece）	297
同比增长（%） Year – on – year Growth（%）	7.22
最高人民法院审结案件（件） Cases Concluded by the Supreme People's Court（piece）	390
同比增长（%） Year – on – year Growth（%）	111.96

（本统计数据由最高人民法院知识产权审判庭提供）